Ist der Euro ein Teuro?

Eine Analyse der gefühlten Inflation in der Eurozone

von Oliver Knickel

AUSSENHANDELSPOLITIK UND -PRAXIS

Herausgegeben von Prof. Dr. Jörn Altmann

ISSN 1614-3582

6 *Imke Heinrich*
Markenführung als strategischer Erfolgsfaktor
ISBN 3-89821-351-X

7 *Albrecht Neumann*
Kulturspezifische Probleme in deutsch-russischen Wirtschaftsbeziehungen
Das Beispiel Siemens Business Services in Moskau
ISBN 3-89821-408-7

8 *Tanja Fuß*
Negotations with the Japanese
Overcoming Intercultural Communication Hurdles
ISBN 3-89821-420-6

9 *Verena Ohms*
Rechnungslegung national und international
Eine vergleichende Darstellung der Rechnungslegungsgrundsätze nach HGB und IFRS
ISBN 3-89821-520-2

10 *Verena Ohms*
Konzernabschlüsse national und international
Eine vergleichende Darstellung der Konzernrechnungslegung nach HGB und IFRS
ISBN 3-89821-521-0

11 *Astrid Zippel*
EU-Förderprogramme für kleine und mittelständische Unternehmen
Ein Ratgeber
ISBN 3-89821-704-3

12 *Nicole Daiker*
Risikomanagement im Zollbereich
unter besonderer Berücksichtigung des zugelassenen Wirtschaftsbeteiligten
ISBN 978-3-89821-897-9

13 *Ying Sun*
Beschaffung in China
Ein Ratgeber für optimale Verhandlungen mit chinesischen Lieferanten
ISBN 978-3-8382-0002-6

14 *Marcel Rank*
Sanierungsfall Afrika
40 Jahre Entwicklungshilfe
Bilanz und Perspektiven
ISBN 978-3-8382-0021-7

Oliver Knickel

IST DER EURO EIN TEURO?

Eine Analyse der gefühlten Inflation in der Eurozone

ibidem-Verlag
Stuttgart

Bibliografische Information der Deutschen Nationalbibliothek
Die Deutsche Nationalbibliothek verzeichnet diese Publikation in der Deutschen Nationalbibliografie; detaillierte bibliografische Daten sind im Internet über http://dnb.d-nb.de abrufbar.

Bibliographic information published by the Deutsche Nationalbibliothek
Die Deutsche Nationalbibliothek lists this publication in the Deutsche Nationalbibliografie; detailed bibliographic data are available in the Internet at http://dnb.d-nb.de.

Coverabbildung: © S. Hofschlaeger / PIXELIO

∞

Gedruckt auf alterungsbeständigem, säurefreien Papier
Printed on acid-free paper

ISSN: 1614-3582

ISBN-13: 978-3-8382-0356-0

Printed in Germany

Management Summary

Obwohl der Euro vom Bundesamt für Statistik als besonders stabile Währung mit niedrigen Inflationsraten beschrieben wird, ist die Wahrnehmung erhöhter Inflation ein in allen Ländern der Eurozone verbreitetes Phänomen. Auch wenn sich die Messung dieses Effekts schwierig gestaltet, kann mit Hilfe des Consumer Surveys der Europäischen Kommission dessen qualitative Entwicklung erfasst werden. Jedoch ist es mit Hilfe dieser Ergebnisse nicht möglich, quantitative Aussagen über die wahrgenommene Inflation zu machen, so dass der Vergleich dieser Ergebnisse mit dem Verbraucherpreisindex (VPI) nur bedingt aussagekräftig ist. Demgegenüber hat Professor Brachinger von der Universität Fribourg den Index für wahrgenommene Inflation (IWI) entwickelt. Dieser ist ähnlich wie der VPI aufgebaut, nutzt aber anstatt der Wertanteile einzelner Güterarten am Warenkorb deren Kaufhäufigkeiten. Damit wird berücksichtigt, dass Verbraucher eine höhere Inflation wahrnehmen, sobald ständig nachgefragte Güter Preissteigerungen unterliegen.

Der Verlauf des IWI zeigt im Rahmen der Eurobargeldeinführung tatsächlich deutlich höhere Inflationsraten als der VPI. Allerdings kann auch der IWI bestimmte qualitative Eigenschaften des Consumer Surveys nicht erklären, da er auf realen Preisentwicklungen realer Güter basiert. Verbraucher nehmen aber teilweise auch dann Inflation wahr, wenn die Preise in Wirklichkeit stabil sind. Gründe dafür könnten u.a. in der Entwicklung des Reallohns, der Berichterstattung durch die Medien oder abweichenden individuellen Warenkörben bzw. zu Grunde gelegten Referenzpreisen der Verbraucher liegen. Außerdem besteht ein Zusammenhang zwischen der Unzufriedenheit der Verbraucher mit dem Euro und deren erhöhter Inflationswahrnehmung. Des Weiteren konnte in einer Umfrage festgestellt werden, dass nur ein sehr geringer Teil der Verbraucher über fundiertes Wissen zum Zusammenhang zwischen Euro und Inflation verfügt und durchaus eine Entfremdung zwischen diesen und ihrer Währung besteht.

Dadurch machen Verbraucher den Euro auch für negative wirtschaftliche Entwicklungen, wie z.B. die Höhe des Ölpreises verantwortlich, welche in keinem kausalen Zusammenhang mit der Einführung der Gemeinschaftswährung stehen. Da die wahrgenommene Inflation aber einen Effekt auf das Konsumverhalten der Haushalte und damit auf die Realwirtschaft hat, müssen von den Regierungen der Mitgliedsstaaten Maßnahmen ergriffen werden, dieses Phänomen in Zukunft einzudämmen. Dafür werden zurzeit allerdings nur unzureichende Anstrengungen unternommen. Hier müssen die Staaten in Zukunft ihre Bürger besser über den Euro informieren, diese mit Hilfe von Volksentscheiden zu Fragestellungen des Euros stärker einbinden und moderate Preisentwicklungen von kaufhäufigen Gütern sicherstellen.

Inhaltsverzeichnis

Abbildungsverzeichnis

Tabellenverzeichnis

Abkürzungsverzeichnis

AEU	Vertrag über die Arbeitsweise der Europäischen Union
CS	Consumer Survey
Destatis	Statistisches Bundesamt
DM	Deutsche Mark
EC	European Commission
Eurostat	Statistisches Amt der Europäischen Union
EFSF	Europäische Finanzstabilisierungsfazilität
ESM	Europäischer Stabilitäts-Mechanismus
EU	Europäische Union
EZ	Eurozone
EZB	Europäische Zentralbank
FROPP	Frequent out-of-Pocket Purchases
$g^0(i)$	Relative Kaufhäufigkeit eines Gutes im Bezugsjahr *0*
G	Gewichtungsfunktion
HCPI	Harmonised Consumer Price Index
HVPI	Harmonisierter Verbraucherpreisindex
i	beliebiges Gut eines Warenkorbs
IWI	Index der wahrgenommenen Inflation
$p^0(i)$	Preis eines Gutes *i* im Bezugsjahr *0*
$p^t(i)$	Preis eines Gutes *i* im Berichtsjahr *t*
$q^0(i)$	Wertanteil eines Gutes *i* am repräsentativen Warenkorb im Bezugsjahr *0*
VPI	Verbraucherpreisindex
WSI	Wirtschafts- und sozialwissenschaftliches Institut

1. Einleitung

Seit der Einführung des Eurobargelds im Januar 2002 kämpft die Gemeinschaftswährung gegen die Vorbehalte der Verbraucher nahezu aller Mitgliedsstaaten. Besonders stark ist dabei die Inflation in den Fokus der Bürger gerückt, die in außergewöhnlich hohem Maß während sowie kurz nach der Eurobargeldeinführung wahrgenommen wurde, obwohl der offizielle Verbraucherpreisindex belegte, dass seitdem die Geldwertminderung im Vergleich zu den letzten DM-Jahren sogar abgenommen hatte. Ungeachtet dieser Tatsachen wurden im Jahr 2002 „Teuro" zum Wort des Jahres gewählt und seitens des Bundesministeriums für Ernährung, Landwirtschaft und Verbraucherschutz wiederholt Anti-Teuro-Gipfel abgehalten.

Trotz anfänglicher Informationskampagnen und Erklärungen sowohl von offiziellen Organen der Eurozone, wie z.B. der Europäischen Zentralbank, als auch Vertretern der nationalen Regierungen hat dieses Gefühl innerhalb der Bevölkerung zwar nachgelassen, spiegelt aber nach wie vor nicht die wirkliche Entwicklung der Inflation innerhalb der betroffenen Volkswirtschaften wie auch der Eurozone als Ganzes wider. Das beschriebene Phänomen scheint dabei weder abhängig von der Nationalität noch vom Bildungsniveau oder dem Haushaltseinkommen der Verbraucher zu sein, sondern ist in ähnlicher Weise und Ausprägung in allen Gesellschaftsschichten und Ländern vertreten.

Dieser Sachverhalt ist in den vergangenen Jahren wiederholt von Experten und Fachleuten untersucht worden. Dabei gilt es, sowohl die Frage zu beantworten, wie die gefühlte Inflation innerhalb der Eurozone überhaupt messbar gemacht werden kann, als auch Gründe für die verschobene Wahrnehmung seitens der Verbraucher zu identifizieren und deren Auswirkungen auf reale volkswirtschaftliche Größen zu quantifizieren. Diese Gründe sind oft psychologischer und emotionaler Natur und mit rationalen Argumenten schwer zu widerlegen.

In diesem Zusammenhang muss auch die Tatsache berücksichtigt werden, dass die meisten Verbraucher in ihrem Alltag wenig Zeit und Interesse haben, sich detailliert mit wirtschaftlichen Themen auseinanderzusetzen und allzu gerne Sensationsmeldungen in den Medien Glauben schenken, welche nicht selten die Einführung der Gemeinschaftswährung zum Alleinverantwortlichen jeglicher Art von Wucher machen. Dabei werden häufig kausale Zusammenhänge vollkommen vernachlässigt bzw. stark vereinfacht und zu Ungunsten des Euros dargestellt.

Die vorliegende Studie untersucht Ausmaß, Gründe und Auswirkungen der gefühlten Inflation und versucht einen Lösungsansatz darzustellen, wie dieses Phänomen in Zukunft reduziert werden kann.

2. Die Inflation in der Eurozone

Inflation bezeichnet das Ansteigen des Preisniveaus in einer Volkswirtschaft, was immer dann auftritt, wenn der Geldstrom im Vergleich zum mit seinen Preisen bewerteten Güterstrom überproportional zunimmt[1]. Dieses Phänomen ist seit der Antike und König Midas, der alles, was er berührte, in Gold verwandelte, bekannt und wird mit Lohnangleichungen entgegengetreten, so dass die Verbraucher möglichst keine Einbußen in ihrer Kaufkraft hinnehmen müssen. Vergleicht man z.B. den Preis eines Kilogramms Brot im Jahr 1960, welcher durchschnittlich mit 85 Pfennigen anschlug, mit den 3,2€, welche für die gleiche Menge im Jahr 2005 zu zahlen war, so fällt ins Auge, dass dessen Preis nach 45 Jahren 7,5 mal höher lag. Dies entspricht aber trotz des vergleichsweise hohen Faktors nur einer durchschnittlichen jährlichen Inflation von 4,58%.

$$Inflation[\%] = 100 \cdot \left(e^{\frac{\ln 7,5}{45}} - 1 \right) \%$$

Dies ist zwar mehr als die durchschnittliche Inflationsrate in Deutschland, welche zwischen 1960 und 2005 knapp 3% betrug, würde aber bedeuten, dass das Kilogramm Brot sich im Jahr 1960 lediglich um 3,9Pfennige und im Jahr 2005 um 14,6Cent verteuert hätte, was immer noch von den Verbrauchern als hinnehmbar akzeptiert wurde und nicht zu Volksaufständen und Unruhen geführt hat.

Für die Messung der durchschnittlichen Preisentwicklung von Waren und Dienstleistungen in Deutschland wird vom Statistischen Bundesamt der sogenannte Verbraucherpreisindex (VPI) ermittelt. Darüber

[1] Engelkamp, P./Sell, F., Einführung in die Volkswirtschaftslehre, S.134

hinaus gibt es den Harmonisierten Verbraucherpreisindex (HVPI), der sicherstellt, dass die angewandten Verfahren, Methoden und Konzepte bei der Berechnung der Preisentwicklung in verschiedenen Ländern der Eurozone gleich sind. Damit wird die Vergleichbarkeit der Inflationsentwicklung zwischen den einzelnen Ländern der Eurozone gewährleistet.

2.1 Der Verbraucherpreisindex

Da die Verbraucher innerhalb einer Volkswirtschaft nicht ständig alle Güter nachfragen und nicht nachgefragte Güter keinen Einfluss auf den mit seinen Preisen bewerteten Güterstrom bzw. das Güterangebot in einer Periode haben, wird in Deutschland die Inflation anhand der Preisentwicklung von Waren und Dienstleistungen eines repräsentativen Warenkorbs berechnet. Dieser Warenkorb besteht aus zwölf Güterarten (Nahrungsmittel/alkoholfreie Getränke; Tabakwaren/alkoholische Getränke; Bekleidung/Schuhe; Wohnung/Wasser/Gas/Brennstoffe; Einrichtungsgegenstände; Gesundheit/Pflege; Verkehr; Nachrichtenübermittlung; Freizeit/Kultur und Unterhaltung; Bildungswesen; Hotel/Restaurants; andere Waren und Dienstleistungen), die insgesamt ca. 750 Güter repräsentieren. Die enthaltenen Güter werden in repräsentativen Städten in repräsentativen Geschäften ermittelt, wobei die am häufigsten erworbenen Güter in den Warenkorb aufgenommen werden. Dabei erfolgt auch eine regelmäßige Aktualisierung der ausgewählten Güter[2].

Die Preisentwicklung der in diesem Warenkorb enthaltenen Güter wird monatlich mit Hilfe von über 300000 Einzelpreisen sowohl zentral im Internet als auch durch 600 Preiserheber deutschlandweit in den gleichen Geschäften gemessen. Durch diese umfangreiche Datenerhe-

[2] Statistisches Bundesamt, Warenkorb und Wägungsschema

bung werden demographische Verfälschungen des Verbraucherpreisindexes vermieden, da die Erhebung unabhängig von Alter und Familienstand erfolgt. Der Einfluss der einzelnen Güter auf den Warenkorb wird dann mit Hilfe des Wägungsschemas berechnet (vgl. Anhang Abbildung A1), bei der in 60.000 Haushalten Einnahmen und Ausgaben erfasst und der wertmäßige Anteil der Ausgaben für die im Warenkorb enthaltenen Güter am gesamten Warenkorb berechnet wird.

Das Wägungsschema wird nur alle fünf Jahre aktualisiert, so dass innerhalb dieser Periode die reine Preisentwicklung ohne Verfälschungen durch Änderungen der Gewichtsanteile betrachtet werden kann.
Der Verbraucherpreisindex wird letztendlich als Summe der Produkte der Preise (*p*) aller Güter (*i*) des Berichtsjahres (*0*) und den Anteil an der Zusammensetzung des Gutes im Bezugsjahr (*0*) am Warenkorb bezogen auf die Summe der Produkte der Güterpreise des Bezugsjahres und der Anteile der Güter am Warenkorb des Bezugsjahres ermittelt.

$$\text{VPI} = \frac{\sum_{i=1}^{n} p^{t}(i) \cdot q^{0}(i)}{\sum_{i=1}^{n} p^{0}(i) \cdot q^{0}(i)} \cdot 100$$

Das Bezugsjahr entspricht dabei dem Jahr, in dem das Wägungsschema aktualisiert wird. Abbildung 2-1 zeigt die Wertentwicklung des repräsentativen Warenkorbs in Deutschland seit Januar 1993 (Bezugsjahr 2005=100).

Die Abbildung zeigt, dass der Preis des repräsentativen Warenkorbs in Deutschland seit Anfang der 90er Jahre stetig gestiegen ist und keine drastische und langfristige Veränderung der Steigung der Preisentwicklung seit der Eurobargeldeinführung vorliegt.

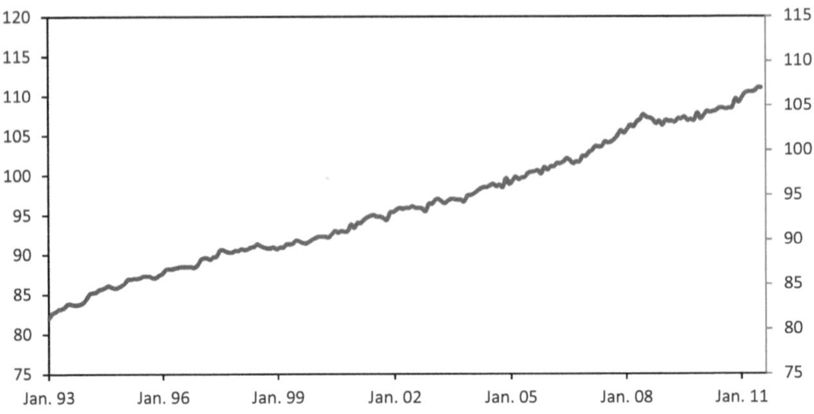

Abbildung 2-1: Preisentwicklung des repräsentativen Warenkorbs in Deutschland (Quelle: Statistisches Bundesamt)

Um von der Preisentwicklung des repräsentativen Warenkorbs auf die Inflation schließen zu können wird nun für jeden Monat der Preis des Warenkorbs mit dem Preis des gleichen Monats des Vorjahres verglichen. Dabei kann es zum Auftreten des sogenannten Basiseffekts kommen, wenn ein einmalig hoher Warenkorbpreis sich in dem Falle nicht in einer hohen Inflation ausdrückt, weil dieser im Monat des Vorjahres ebenfalls besonders hoch war. Abbildung 2-2 zeigt die monatliche Entwicklung und den Jahresdurchschnitt der Inflation in Deutschland seit 1993.

Diese Abbildung zeigt ebenfalls, dass die Einführung des Eurobargelds im Jahr 2002 zu keiner außerordentlichen Inflation geführt hat. Betrachtet man die durchschnittliche Inflationsrate seit Beginn der Eurobargeldeinführung einschließlich des Jahres 2010 (1,6%) und vergleicht diese mit der durchschnittlichen Inflationsrate des gleich langen Zeitraums von 1993-2001 (2,15%), so stellt man fest, dass diese sogar beachtenswert abgenommen hat.

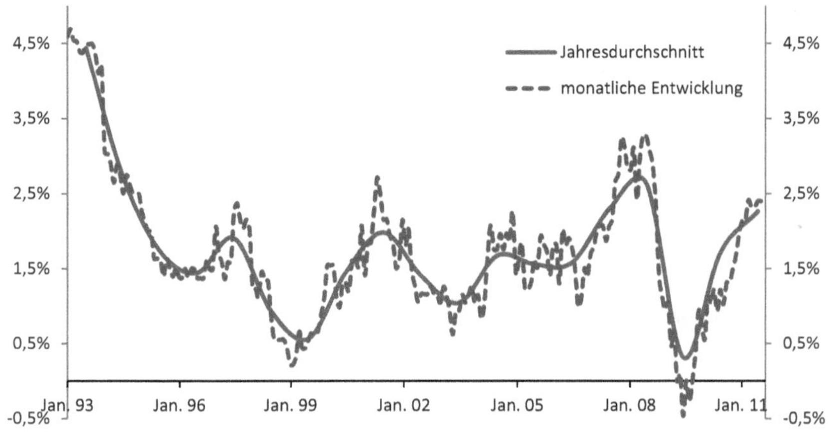

Abbildung 2-2: Entwicklung der Inflation in der Eurozone (Quelle: Statistisches Amt der EU)

Zwar gab es besonders unmittelbar vor der Eurobargeldeinführung Preisanstiege und eine damit einhergehende höhere Inflationsrate, da viele Anbieter und Dienstleister jene zum Anlass nahmen ihre Preiskalkulation zu überarbeiten und großzügig anzupassen[3]. Allerdings nahm die Inflation bereits im Jahr 2002 wieder ab, auch wenn die teilweise sehr niedrigen Inflationsraten im Jahr 2002 dem beschriebenen Basiseffekt zu Grunde lagen, da der Preis des repräsentativen Warenkorbs in den verschiedenen Monaten des Jahres 2001 bereits vergleichsweise hoch lag.

Maßgeblichen Einfluss auf die Teuerungsrate seit Beginn der Eurobargeldeinführung hatten auch wesentliche Änderungen der politischen und wirtschaftlichen Rahmenbedingungen, die auch bei Beibehaltung der alten Währung zu Preiserhöhungen bestimmter Güterar-

[3] Verbraucherzentrale Bundesverband, Preisbeobachtungen vor, während und nach der Einführung des Euro.

ten geführt hätten. Dazu gehören die Umsetzung der ökologischen Steuerreform durch die damalige rot-grüne Bundesregierung, die schrittweise Erhöhung der Tabaksteuer, die Gesundheitsreform des Jahres 2004 wie auch die Verdreifachung des Ölpreises zwischen den Jahren 2002 und 2011. Dass diese Veränderungen nicht zu sprunghaften Anstiegen des Verbraucherpreisindex geführt haben, liegt in der Tatsache begründet, dass z.B. die Preise von langlebigen Verbrauchsgütern, Mieten und Nahrungsmitteln nur moderat gestiegen oder sogar gefallen sind[4].

2.2 Der harmonisierte Verbraucherpreisindex

Zur Vergleichbarkeit der Inflation in verschiedenen Ländern der Europäischen Union und besonders für die Teilnehmer der Eurozone wird nach einer Verordnung der Europäischen Kommission seit 1995 der Harmonisierte Verbraucherpreisindex (HVPI) nach einheitlichen Methoden und Verfahren berechnet. Dabei dient der HVPI auch zur Überprüfung des im Vertrag von Maastricht (Vertrag zur Gründung der Europäischen Gemeinschaft) festgelegten Konvergenzkriteriums „Preisstabilität", welches nach Überarbeitung auf Grundlage des Vertrags von Lissabon auch noch heute im Artikel 140 des Vertrags über die Arbeitsweise der Europäischen Union (AEU) zu finden ist.

Zur Berücksichtigung nationaler Verbrauchsgewohnheiten werden allerdings die auf nationaler Basis ermittelten Wertanteile eines Gutes *i* am Gesamtwarenkorb genutzt. Der HVPI unterscheidet sich vom VPI u.a. darin, dass er Glückspiel und die Kraftfahrzeugsteuer (zumindest bis 2009) nicht im repräsentativen Warenkorb berücksichtigt. Abbildung 2-3 zeigt den Vergleich der Inflation berechnet nach VPI und HVPI in Deutschland.

[4] Beuerlein, I., Fünf Jahre nach der Euro-Bargeldeinführung, war der Euro wirklich ein Teuro?

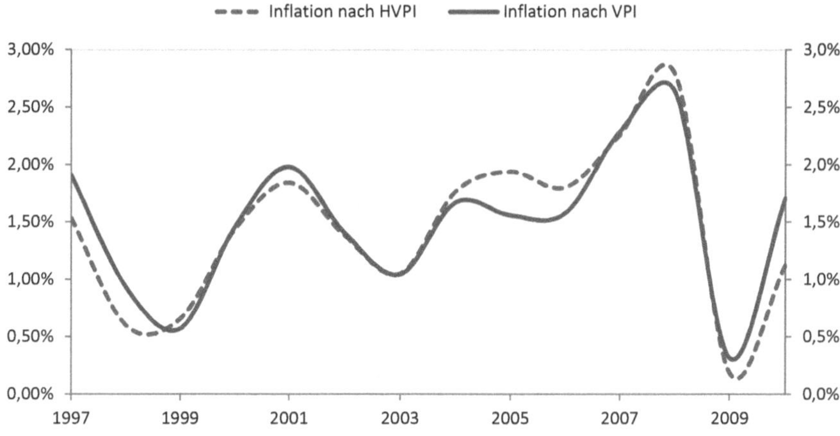

Abbildung 2-3: Vergleich von VPI und HVPI in Deutschland (Quelle: Statistisches Bundesamt)

Zwar kommt es bei Anwendung der unterschiedlichen Verfahren von VPI und HVPI zu Abweichungen bei der daraus berechneten Inflation, allerdings ist der qualitative Verlauf beider Indizes fast identisch, so dass es zu keiner grundlegenden Veränderung der Aussage über die Entwicklung der Inflation kommt, sobald der jeweils andere Index als Berechnungsgrundlage genutzt wird. Des Weiteren zeigt Abbildung 2-4 die aus der Entwicklung des HVPI abgeleitete Inflation für verschiedene Länder der Eurozone.

Der Verlauf der nach dem HVPI berechneten Inflation zeigt sowohl für ausgewählte Länder als auch für die gesamte Eurozone, dass die Inflation nach Einführung des Eurobargelds im Jahr 2002 keine exorbitanten Ausmaße angenommen hat, sondern von der Größenordnung nicht von den Werten zu Zeiten der nationalen Währungen abweicht. Wie bereits am Beispiel Deutschland aufgezeigt, kam es zwar im Jahr 2001 zu einem Anstieg der Inflation, Grund hierfür war aber, dass viele Anbieter ihre Preise erhöhten um danach bei der Eurobargeldeinführung diese in der neuen Währung wieder nach unten korrigieren zu können. Der Anstieg der Inflation im Jahr 2007 ist der Finanzkrise geschuldet und wäre auch ohne die Einführung der neuen Währung aufgetreten.

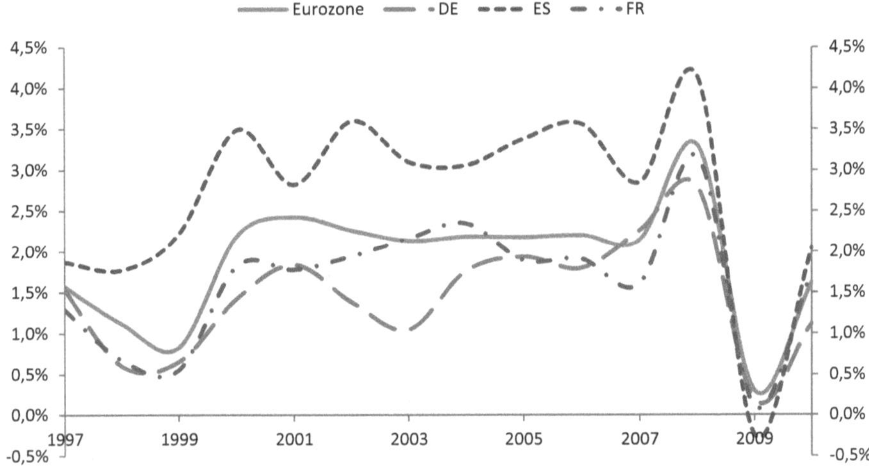

Abbildung 2-4: : Entwicklung des HVPI in der Eurozone (2005=100, Quelle: Statistisches Amt der EU)

Da die Werte nach HVPI erst seit 1995 berechnet werden, kann bei der Zugrundelegung dieses Index nicht wie im Fall von Deutschland gezeigt werden, dass die durchschnittliche Inflationsrate im gleichen Zeitraum vor der Eurobargeldeinführung sogar höher lag als seit Beginn dieser, da die Inflation Ende der 90er Jahre besonders niedrig war. Bei Betrachtung der Inflationsraten einzelner Länder und Nutzung der nationalen Indizes würde man dabei aber zu ähnlichen Ergebnissen kommen, wie dies bereits für Deutschland aufgezeigt wurde[5].

[5] Del Giovane, P./Sabbatini, R., The introduction of the euro and the divergence between officially measured and perceived inflation.

2.3 Kritik an VPI und HVPI

Die häufigste Grundlage für die Kritik an den vom Statistische Bundesamt und Statistischen Amt der Europäischen Union genutzten Indizes für die Berechnung der Inflation ist der dabei zu Grunde gelegte Warenkorb und das bereits beschriebene Wägungsschema. Die Zusammensetzung des Warenkorbs wird dabei von Kritikern[6] als nicht repräsentativ angesehen, da viele teure und langlebige Güter mit einbezogen werden, die normale Verbraucher nur einmal in sehr großen Zeiträumen kaufen, deren Preisentwicklung auf Grund des technischen Fortschritts oft sogar rückläufig ist und diese somit den Gesamtindex verfälschen.

Darüber hinaus wird das Wägungsschema kritisiert, da dieses den wertmäßigen Anteil der Güter am gesamten Warenkorb und nicht deren Kaufhäufigkeit berücksichtigt. Von Verbrauchern und Kritikern in diesem Zusammenhang oft zitiertes Beispiel für die Entwicklung von Gütern, welche oft abgefragt werden und sich gegenüber dem VPI besonders stark verteuert haben, sind Leistungen der Gastronomie, welche in den Teilindex Beherbergungs- und Gaststättendienstleistungen (Abteilung 9 des VPI) einfließen (Abbildung 2-5).

Bei Betrachtung dieses Teilindex fällt in der Tat auf, dass es einen sprunghaften Anstieg für die genannten Leistungen im Rahmen der Eurobargeldeinführung gegeben hat. Es wäre allerdings nicht richtig, daraus höhere Inflationsraten zu schließen, da diese Leistungen nicht repräsentativ für alle vom Durchschnittsverbraucher abgefragten Güter sind. Jedoch ist eine Analyse des Einflusses häufig gekaufter Güter auf den VPI sinnvoll, indem die einzelnen Preiserhöhungen anstatt

---

[6] Brachinger, H.-W., Der Euro als Teuro? Die wahrgenommene Inflation in Deutschland.

mit ihrem jeweiligen Wertanteil am Warenkorb mit deren Kaufhäufigkeit gewichtet werden. Eine solche Analyse wird u.a. im folgenden Kapitel durchgeführt.

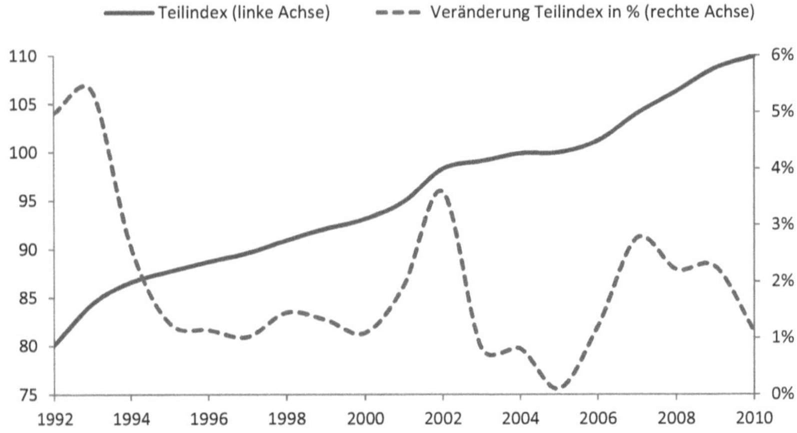

Abbildung 2-5: Preisentwicklung des VPI-Teilindex für Beherbergungs- und Gaststättendienstleistungen seit 1992 (Quelle: Statistisches Bundesamt)

Gleichzeitig darf auch nicht vernachlässigt werden, dass der betrachtete Teilindex einen zeitlichen und regionalen Mittelwert verschiedener Güter und Leistungen darstellt und es durchaus deutlich höhere Teuerungen in einzelnen Gaststätten oder Hotels gegeben hat. Diese sind natürlich weder repräsentativ für den Teilindex noch für den VPI, werden aber gerne von Eurokritikern als universaler Beweis der angestiegenen Inflation angeführt.

Ein weiterer Grund für Kritik ist die nicht vollkommene Vergleichbarkeit der Inflationsentwicklung verschiedener Jahre, wenn in diesen die Warenkorbzusammensetzung geändert wurde. Außerdem wird in Zusammenhang mit der Eurobargeldeinführung häufig kritisiert, dass das Statistische Bundesamt seit 2002 auch die hedonische Preisberechnung, welche Qualitätsänderungen bei der Berechnung des Index berücksichtigt, anwendet und dadurch die Inflationsraten senkt und so die Vergleichbarkeit mit Vorjahren beeinträchtigt. Allerdings werden hedonische Methoden der Preisberechnung lediglich auf wenige Güter des Warenkorbs, wie PCs, Gebrauchtwagen, Waschmaschinen, Fernseher, Häuser und EDV-Investitionsgüter, angewendet und haben daher nur einen geringen Einfluss auf den VPI[7].

Die angeführten Kritikpunkte führten in der Vergangenheit wiederholt zu einer starken Diskrepanz zwischen der durch die Verbraucher wahrgenommenen Inflation und den Berechnungen der offiziellen Statistiken, die auf dem VPI und HVPI basieren. Allerdings stellen diese ein aggregiertes Maß zur Messung der Geldwertstabilität einer Volkswirtschaft dar, welches auf theoretischen Konzepten beruht und damit nicht zwangsweise die Vorstellung und Wahrnehmung der Verbraucher widerspiegelt, die meist auf anderen, sehr viel subjektiveren Erklärungsmustern basieren. Kapitel 3 wird deswegen Möglichkeiten aufzeigen, die durch die Verbraucher wahrgenommene Inflation zu messen, weitere Gründe für deren Abweichung von den offiziellen Indizes zu analysieren und Auswirkungen dieser Abweichung auf das Konsumverhalten der Verbraucher darzustellen.

[7] Linz, S./Dexheimer, V., Dezentrale, hedonische Indizes in der Preisstatistik.

3. Die wahrgenommene Inflation in der Eurozone

Trotz des in Kapitel 2 aufgezeigten Sachverhalts, dass sich seit Beginn der Eurobargeldeinführung mit wissenschaftlichen Methoden keine wesentliche Veränderung der Geldwertstabilität nachweisen lässt, haben Verbraucher in allen Ländern der Eurozone diesbezüglich eine abweichende Wahrnehmung. In diesem Zusammenhang gilt es zu klären, wie diese Verbraucherwahrnehmung gemessen werden kann und worin dafür die Gründe der Verbraucher liegen. Außerdem gilt es zu untersuchen, ob die von der Realität abweichende Verbraucherwahrnehmung der Inflation Auswirkungen auf das Konsumverhalten und damit auf weitere volkswirtschaftliche Entwicklungen hat.

3.1 Messung der wahrgenommenen Inflation

Anders als bei der Ermittlung der realen Inflation mit Hilfe der beschriebenen statistischen Mittel und Verfahren ist es bei der Messung der wahrgenommenen Inflation problematisch, eine Methode zu finden, mit Hilfe derer überhaupt das beschriebene Phänomen qualitativ und quantitativ hinreichend genau erfasst werden kann.

3.1.1 Messung mit Hilfe des Consumer Surveys der Europäischen Kommission

In der Regel wird die Inflationswahrnehmung durch Umfragen, wie im Rahmen des „Joint Harmonised EU Programme of Business and Consumer Survey“ gemessen, welches auf Weisung der Europäischen Kommission monatlich in der gesamten Europäischen Union durchgeführt wird. Im Rahmen dieses Surveys werden die Verbraucher zu ihrer Wahrnehmung der Preisentwicklung in den letzten zwölf Monaten befragt, wobei sie eine von fünf möglichen Antworten (N_1=gefallen, N_2 =stabil, N_3=wenig gewachsen, N_4=moderat gewachsen, N_5=stark gewachsen) wählen müssen. Im Anschluss daran wird ein Saldo (S) als Differenz von Prozentsätzen gebildet. Die prozentualen Anteile der möglichen fünf Antworten werden dabei mit Hilfe folgender Formel berechnet, die berücksichtigt, dass die extremen Antworten (gefallen, stark gewachsen) stärker in den Saldo einfließen und die mittlere Antwort unberücksichtigt bleibt:

$$S = N_1 + 0{,}5 \cdot N_2 - 0{,}5 \cdot N_4 - N_5 .$$

Das erziele Ergebnis S kann dabei maximal zwischen den Werten 100, wenn alle Antworten besagten, dass die Preise gefallen sind und -100, wenn alle Antworten besagten, dass in den letzten zwölf Monaten die Preise stark gestiegen sind, liegen.

Abbildung 3-1 zeigt die Entwicklung des aus den Antworten erzielten Saldos einige Jahre vor und nach der Eurobargeldeinführung verglichen mit dem HIVP in der Eurozone.

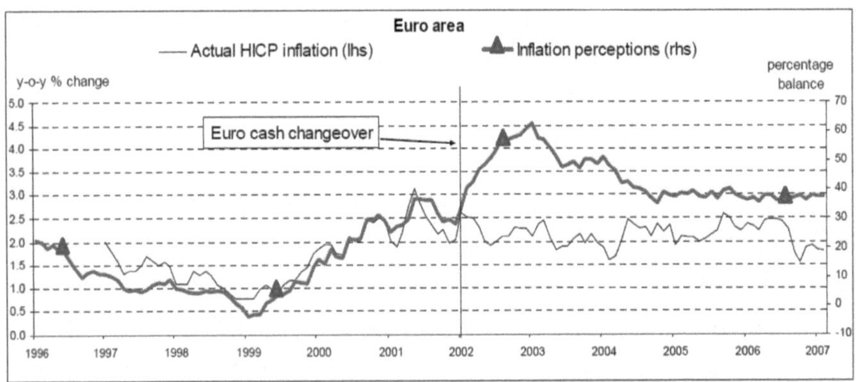

Abbildung 3-1: Entwicklung des Saldos aus den Antworten des Consumer Surveys der Europäischen Kommission in Deutschland (Quelle: EC, Directorate General for Economic and Financial Affairs)

Die Wahrnehmung der Inflation in der Eurozone war nach der Eurobargeldeinführung besonders stark ausgeprägt, hat sich ab Anfang

2003 aber wieder gemindert und liegt seitdem konstant über dem HVPI. Allerdings muss beim Vergleich des HVPI mit dem Ergebnis des Consumer Surveys berücksichtigt werden, dass zwar beide mit Hilfe von Prozentsätzen berechnet werden, aber auf zwei verschiedenen Skalen abgebildet werden, also somit nur bedingt miteinander vergleichbar sind, da je nach Wahl der Skalierung die Ergebnisse differieren können.

So spiegelt der extrem hohe Wert aus dem Consumer Survey von über 60 mitnichten eine Inflationsrate von 60% wider. Es kann zwar mit Hilfe des auf qualitativen Aussagen beruhenden quantitativen Verlaufs aus der Auswertung des Consumer Surveys durchaus eine Tendenz der Verbraucherwahrnehmung festgestellt werden, allerdings ist es nicht möglich, damit wirklich quantitative Aussagen über die Wahrnehmung der Inflation zu machen, welche auch mit dem HVPI als wissenschaftlich fundierte Methode verglichen werden kann.

Es gibt zwar statistische Verfahren, mit Hilfe derer aus den Daten des Consumer Surveys ein quantitativer Verlauf abgeleitet werden kann[8], allerdings werden dabei verschiedene, nicht unbedingt realistische Annahmen getroffen, wie z.B. eine normalverteilte Rate der gefühlten Inflation. Weitere Studien haben gezeigt, dass die erzielten Ergebnisse dabei extrem abhängig von der gewählten Methode und damit für eine wirkliche quantitative Auswertung des Phänomens gefühlter Inflation nicht geeignet sind[9]. Jedoch reicht vorerst die Aussagefähigkeit der Ergebnisse aus dem Consumer Survey, um qualitativ zu untersuchen, wie stark sich der Effekt gefühlter Inflation im Rahmen der Eurobargeldeinführung differenziert nach Ländern ausgewirkt hat. Abbildung 3-2 zeigt die Entwicklung der gefühlten Inflation in ausgewählten

[8] Nielsen, H., Inflation Expectations in the EU – Results from Survey Data.

[9] Del Giovane, P./Sabbatini, R., The introduction of the euro and the divergence between officially measured and perceived inflation.

Ländern der Eurozone vor und nach der Eurobargeldeinführung nach den Ergebnissen des Consumer Surveys.

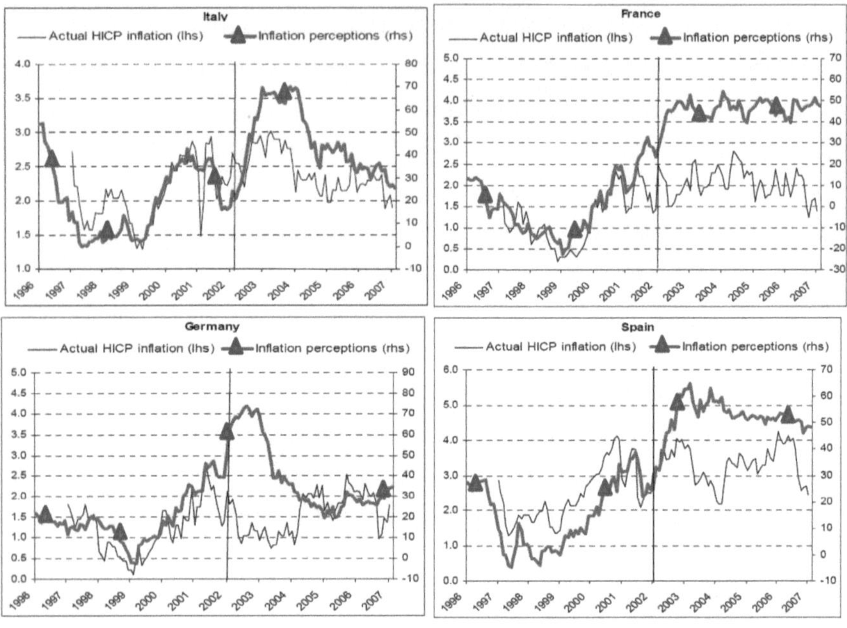

Abbildung 3-2: Entwicklung des Saldos aus den Antworten des Consumer Surveys der Europäischen Kommission für ausgewählte Länder der Eurozone (Quelle: European Commission, Directorate General for Economic and Financial Affairs)

Abbildung 3-2 zeigt, dass in allen hier dargestellten Ländern der Eurozone seit der Einführung des Eurobargelds eine deutliche Tendenz in Richtung einer gegenüber dem HVPI verstärkten Wahrnehmung der Inflation zu verzeichnen ist. Dies ist erstaunlicherweise nicht nur für Länder wie Deutschland oder Frankreich der Fall, die, wie in Abbildung 2-4 gezeigt, vor dem Jahr 2002 verglichen mit anderen Ländern der Eurozone niedrigere Inflationsraten hatten, sondern auch für Spanien, das schon vor der Eurobargeldeinführung vergleichsweise hohe Inflationsraten aufwies. Lediglich in Deutschland begibt sich die gefühlte Inflation ab Mitte 2004 wieder auf ein vergleichbares Niveau der gemäß HVPI bestimmten Inflationsrate. Jedoch darf im Zusammenhang mit den unterschiedlichen Skalen für die Ergebnisse des Consumer Surveys und des HVPI daraus nicht geschlossen werden, dass das Phänomen in Deutschland verschwunden ist. Insgesamt ist die Erscheinung der erhöhten gefühlten Inflation im Zusammenhang mit der Eurobargeldeinführung in allen Ländern der Eurozone zu beobachten[10]. Berücksichtigt man darüber hinaus, dass in anderen EU-Ländern, welche den Euro nicht eingeführt haben, dieser Effekt nicht aufgetreten ist (vgl. Anhang, Abbildung A2), kann man durchaus annehmen, dass diese Wahrnehmung erhöhter Inflation ausschließlich auf die Einführung des Euro zurückzuführen ist.

3.1.2 Messung mit Hilfe des Index für wahrgenommene Inflation

Zwar ist es möglich mit Hilfe der Umfragen des Consumer Surveys qualitative Aussagen über die Verbraucherwahrnehmung zu machen, allerdings können damit keine aussagekräftigen quantitativen Ergebnisse erzielt werden, die mit VPI und HVPI verglichen werden und somit den Unterschied zwischen Realität und Wahrnehmung in seinem ganzen Ausmaß darstellen können.

Da aber ohne solche Erkenntnisse das Phänomen wahrgenommener Inflation nicht in seinem vollen Umfang untersucht werden kann, hat Prof. Brachinger von der Université de Fribourg (Schweiz) in Zusammenarbeit mit dem Statistischen Bundesamt eine Methode entwickelt, welche die wahrgenommene Inflation quantitativ erfassen soll[11]. Dabei berechnet er einen Index, ähnlich dem VPI und HVPI, mit Hilfe einer Formel vom laspeyreschen Typ, nimmt dabei jedoch einige Veränderungen vor. So wählt er für das erwähnte Wägungsschema nicht den

---

[10] Döhring, B./Mordonu, A., What drives inflation perceptions?

[11] Brachinger, H.-W., Der Euro als Teuro? Die wahrgenommene Inflation in Deutschland.

Wert-/Ausgabenanteil eines Gutes am Warenkorb, sondern dessen relative Kaufhäufigkeit (*g*). Damit berücksichtigt der Index für wahrgenommene Inflation (IWI), dass der Verbraucher Inflation umso stärker wahrnimmt, desto höhere Preissteigerungen bei Gütern auftreten, die er häufig nachfragt. Die relativen Kaufhäufigkeiten der im Warenkorb vertretenen Güter wurden dabei im Rahmen einer Studie empirisch ermittelt[12].

Darüber hinaus stellt Brachinger die Hypothesen auf, dass Verbraucher Preiserhöhungen und Preissenkungen als Gewinne und Verluste auffassen und in diesem Zusammenhang Verluste stärker wahrnehmen als Gewinne. Dabei unterstellt er gemäß dem Konzept von Tversky und Kahnemann[13] eine konstante Verlustaversion, die also unabhängig von einem bestimmten Gut ist und für alle Güter im Warenkorb gleichmäßig auftritt. Diese Hypothese wird in der Formel zur Berechnung des IWI mit einer Gewichtungsfunktion *G* berücksichtigt. Dabei ist gemäß dem Konzept G=1 für Gewinne und G>1 für Verluste. Die aus empirischen Studien[14] ermittelten Werte für G>1 liegen zwischen 1,5 und 2,5.

Da der Wert für G natürlich Auswirkungen auf die Ergebnisse hat, führt Prof. Brachinger seine Untersuchungen mit G={1,5;2;2,5} durch, wobei die Inflationswahrnehmung steigt, umso stärker die Verbraucher Preiserhöhungen im Vergleich zu Preisreduktionen wahrnehmen. Der Index für wahrgenommene Inflation kann dann mit Hilfe von folgender Formel berechnet werden:

---

[12] Bechtold, S./Elbel, G./Hannappel, H.-P., Die Ermittlung der Kaufhäufigkeiten durch das Statistische Bundesamt.

[13] Tversky, A./Kahnemann, D., Judgement under uncertainty: heuristics and biases.

[14] Hardie, B./Johnson, E., Fader, P., Modelling Loss Aversion and Reference Independence Effects on Brand Choice.

$$\text{IWI} = \left(\frac{\sum_{i=1}^{n} p^{t}(i) \cdot g^{0}(i)}{\sum_{i=1}^{n} p^{0}(i) \cdot g^{0}(i)} \right) \cdot G\left(p^{t}(i)\right) \cdot 100$$

Die Annahmen von Brachinger erscheinen realistisch, da Verbraucher immer dann die Inflation besonders stark wahrnehmen, wenn Güter teurer werden, die sie häufig einkaufen. Gleichzeitig empfinden sie Preisreduzierungen als gerechte Maßnahmen, die sie schnell wieder vergessen, während sie sich aber lange Zeit über Preiserhöhungen brüskieren. Mittlerweile konnten diese Annahmen auch in empirischen Studien weitestgehend bestätigt werden.[15] Darüber hinaus hat der IWI den Vorteil, dass er auf Grund des gleichen Aufbaus wie VPI und HVPI mit diesen beiden Indikatoren zusammen auf einer Skala angezeigt und auch quantitativ verglichen werden kann.

Abbildung 3-3 zeigt den Vergleich der Inflationsentwicklung bei Nutzung des VPI und IWI in Deutschland (G=2). Die wahrgenommene Inflation ist bei Zugrundelegung der Hypothesen von Professor Brachinger besonders stark in den Jahren 2001 und 2002 ausgeprägt. In diesem Zeitraum werden durchschnittlich viermal so hohe Werte des IWI beobachtet wie von der amtlichen Statistik mit Hilfe des VPI berechnet.

Aber auch nach dem ersten Annähern des IWI an den VPI bleibt dieser ab Anfang 2003 bis Ende 2005 weiterhin ständig über dem VPI und erzielt durchschnittliche Werte vom 1,5fachen des VPI.

[15] Jungermann, H./Brachinger, H.-W., Belting, J./Zacharias, E., The Euro Changeover and the Factors of influencing Perceived Inflation.

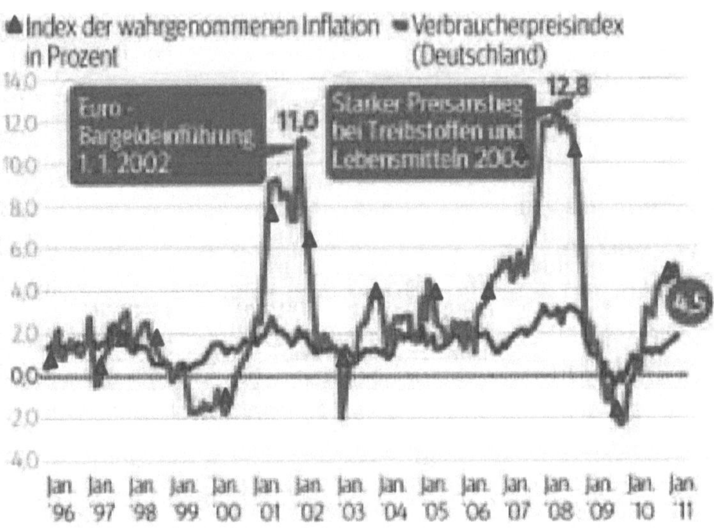

Abbildung 3-3: VPI und IWI in Deutschland (Quelle Universität Fribourg)

Ein deutliches Ansteigen und Erreichen eines wiederum vielfachen Wertes des VPI ist nochmalig im Rahmen der Finanz- und Wirtschaftskrise in den Jahren 2007 und 2008 zu beobachten, was auf den starken Anstieg bei Treibstoffen und Lebensmitteln zurückzuführen ist.

Allerdings neigt der IWI insbesondere auf Grund der Annahme der Verlustaversion tendenziell ohnehin dazu höhere Werte zu erzielen als der VPI und ist nur im eher seltenen Falle niedriger, wenn möglichst viele häufig gekaufte Güter günstiger werden, während selten gekaufte Güter möglichst mindestens preisgleich bleiben.

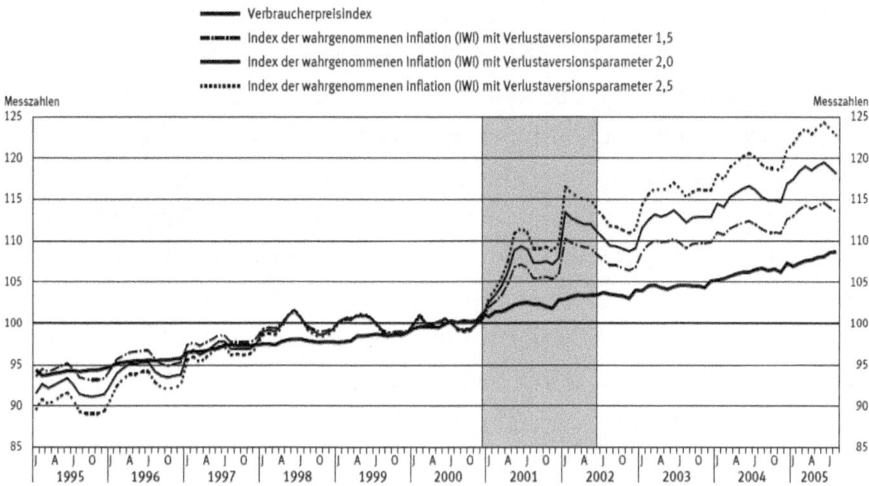

Abbildung 3-4: Verlauf des IWI in Deutschland bei Annahme verschiedener Verlustaversionsparameter (Quelle: Brachinger, 2005)

Deswegen muss zur Untersuchung des Sondereffektes der Eurobargeldeinführung der IWI-Wert noch um seine „normale Differenz" zum VPI-Wert korrigiert werden. Dieser liegt z.B. in den Jahren zwischen 1997 und Ende 2005 bei 0,6% (Differenz der in dieser Zeitspanne gemessenen Mittelwerte von VPI und IWI). Darüber hinaus muss zur Validierung der durch den IWI erzielten Ergebnisse noch die Auswirkung der Höhe des sogenannten Verlustaversionsparameters, der die stärkere Wahrnehmung von Preiserhöhungen als Preisreduzierungen berücksichtigt, untersucht werden. Abbildung 3-4 zeigt die Entwicklung bei Berechnung des IWI unter Annahme, dass Verluste (Preiserhöhungen) 1,5fach, doppelt und 2,5fach so stark wahrgenommen werden wie Gewinne (Preisreduzierungen).

Wie bereits aus dem Aufbau der Formel zur Berechnung des IWI geschlossen, ist dieser umso größer, je höher der Verlustparameter ist. Der Effekt gefühlter Inflation wirkt sich beim IWI also umso ausgeprägter aus, je stärker die Verbraucher Preiserhöhungen im Vergleich zu

Preisreduzierungen wahrnehmen. Dieser Effekt wird zwar dadurch abgeschwächt, dass die Inflationsraten immer prozentual zum jeweiligen Wert des Monats des Vorjahres gebildet werden, in dem sie auf Grund des damals schon höheren Verlustaversionsparameters ebenfalls vergleichsweise hohe Werte annahmen, jedoch beeinflusst dennoch die Wahl des Verlustparameters den Verlauf des IWI. Da schwer abgeschätzt werden kann, wie sich der Verlustaversionsparameter im Verlaufe eines Jahres dynamisch entwickelt, darf also bei Nutzung des IWI nicht vernachlässigt werden, dass dessen Werte auf Grund der Unkenntnis des Verlustaversionsparameters mit einem leider schwer abschätzbaren Fehlerintervall behaftet sind.

Eine Möglichkeit zur Auswahl eines Verlustaversionsparameters wäre die Wahl des Verlaufs, welcher qualitativ die größte Korrelation mit dem Verlauf des Saldos aus dem Consumer Survey aufweist. Allerdings wäre dies auch wieder abhängig von der Wahl der betrachteten Periode und der Skalierung. Für die weiteren Betrachtungen wird auf Grund der Einfachheit ein Verlustaversionsparameter von 2 angenommen, da dieser einen vertretbaren Mittelwert der Spanne zwischen 1,5 und 2,5 darstellt.

Bei Vergleich des IWI mit dem EU Consumer Survey ist erkennbar, dass diese einen ähnlichen qualitativen Verlauf aufweisen, was die Hypothesen zur Berechnung des IWI nochmalig bestätigt. Allerdings besteht ein wesentlicher Unterschied darin, dass beim IWI die Verbraucherwahrnehmung hoher Inflation schon im Jahr 2001 beginnt, während sie nach dem Consumer Survey erst mit Beginn der Eurobargeldeinführung beobachtet werden kann. Der frühere Beginn bei Messung des IWI kann dadurch erklärt werden, dass bereits im Jahr 2001 viele Waren und Dienstleistungen teurer wurden[16] und Preiser-

[16] N.N. in Verbraucherzentrale Bundesverband, Preisbeobachtungen vor, während und nach der Einführung des Euro.

höhungen den IWI auf Grund der unterstellten Verlustaversion in besonderem Maße in die Höhe treiben. Gleichermaßen zeigt dieser Sachverhalt aber auch, dass der IWI zwar eine Möglichkeit aufzeigt, die wahrgenommene Inflation zu quantifizieren und insbesondere die Vergleichbarkeit mit dem VPI als Indikator für die Geldwertstabilität gewährleistet, aber dennoch viele psychologisch bedingte Verhaltensweisen und Meinungsbildungsprozesse der Verbraucher nicht erklären kann, da er auf der realen Preisentwicklung realer Güter basiert. Insgesamt kann also bereits an dieser Stelle vermutet werden, dass ein Teil der gefühlten Inflation gerade in zeitlicher Nähe zur Eurobargeldeinführung vollkommen zusammenhanglos mit realen Preisentwicklungen war und ausschließlich auf Ängsten und Voreingenommenheit der Verbraucher beruhte.

3.2 Gründe für die Abweichungen zwischen wahrgenommener und realer Inflation

Zwar konnten in Abschnitt 3.1 Möglichkeiten aufgezeigt werden, mit Hilfe derer die Wahrnehmung der Inflation im Vergleich zur offiziellen Entwicklung der Geldwertstabilität quantitativ und qualitativ gemessen werden kann, allerdings konnten noch keine Gründe identifiziert werden, mit denen das Phänomen gefühlter Inflation erklärt werden kann.

3.2.1 Einfluss des Haushaltseinkommens und Bildungsniveaus

Als erste Vermutung dient an dieser Stelle die Annahme, dass ein Großteil der Verbraucher nicht über das nötige Wissen bzw. Bildung verfügt, um die Inflation im Rahmen der Eurobargeldeinführung abzuschätzen. Da für diese Untersuchung keine quantitativen Werte benötigt werden, sondern die Betrachtung der rein qualitativen Entwicklung der Inflationswahrnehmung sondiert nach verschiedenen Bildungsniveaus ausreicht, können hierfür die Ergebnisse des Consumer Surveys herangezogen werden. Zwar berücksichtigt die Unterteilung nach unterschiedlichen Bildungsniveaus nicht die Tatsache, dass durchaus auch Verbraucher mit niedrigerem Bildungsabschluss über das Wissen und die intellektuellen Fähigkeiten verfügen können, um die Mechanismen von Inflation und Geldwertstabilität zu verstehen, allerdings wird im Folgenden angenommen, dass für einen statistisch verwertbaren Durchschnitt Verbraucher mit niedrigerem Bildungsniveau über ein geringeres Wissen auf diesem Gebiet verfügen.

Dazu zeigt Abbildung 3-5 die Ergebnisse von Untersuchungen durch Del Giovane und Sabbatini für Verbraucher in Italien. Zwar kann anhand der Ergebnisse festgestellt werden, dass das Phänomen gefühlter Inflation zunimmt, je niedriger das Bildungsniveau ist, jedoch kann man unabhängig vom Bildungsniveau ein starkes Ansteigen der gefühlten Inflation nach der Eurobargeldeinführung beobachten.

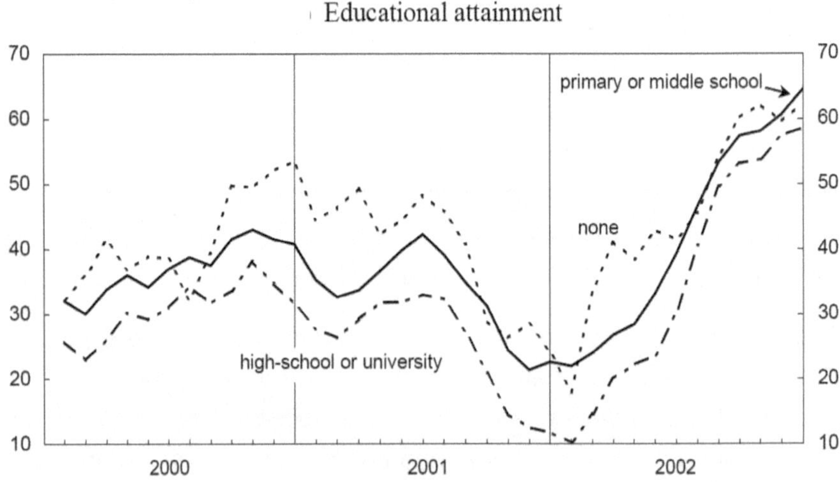

Abbildung 3-5: Wahrnehmung der Inflation in Abhängigkeit vom Bildungsniveau in Italien (Quelle: Del Giovane, P./Sabbatini, R.,2005)

Dies ist auch bei Verbrauchern mit Hochschul- oder Universitätsabschluss in einem so starken Ausmaß festzustellen, dass deren Wahrnehmung sich nach der Eurobargeldeinführung fast nicht mehr von der Wahrnehmung der übrigen Verbraucher unterscheidet. Es kann also nicht davon ausgegangen werden, dass die gefühlte Inflation nach der Eurobargeldeinführung lediglich in mangelnder Bildung bzw. intellektuellen Fähigkeiten seitens der Verbraucher begründet war.

In einem weiteren Schritt wird der Zusammenhang zwischen monatlichem Haushaltseinkommen und gefühlter Inflation untersucht. Dazu wurden in der gleichen Studie die Verbraucher aufgeteilt in vier Klassen verschiedener Einkommen zu ihrer jeweiligen Inflationswahrnehmung befragt. Die Ergebnisse zeigt Abbildung 3-6.

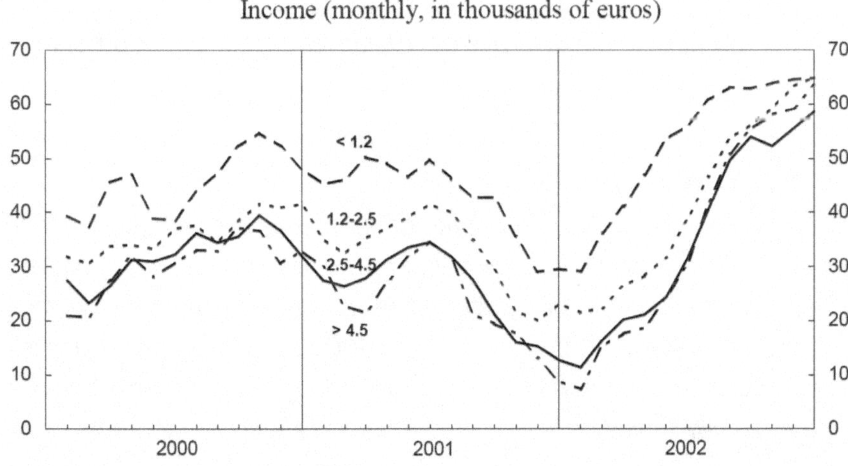

Abbildung 3-6: Wahrnehmung der Inflation in Abhängigkeit vom Haushaltseinkommen in Italien (Quelle: Del Giovane, P./Sabbatini, R., 2005)

Zwar ist ähnlich wie beim Zusammenhang zwischen Bildungsniveau und gefühlter Inflation der Effekt ausgeprägter und bewegt sich auf einem höherem Niveau, je niedriger das Haushaltseinkommen der Verbraucher ist, allerdings kann unabhängig von diesem ein rapides Ansteigen der Wahrnehmung nach der Eurobargeldeinführung beobachtet werden. Prinzipiell kann zwar die stärkere Wahrnehmung der Inflation durch Haushalte mit geringerem Einkommen dadurch erklärt werden, dass in diesen jegliche materiellen Ressourcen in knapperem Umfang zur Verfügung stehen und deswegen Preiserhöhungen sofort und intensiver von den Verbrauchern bemerkt werden, allerdings muss auch hier festgehalten werden, dass das Phänomen gefühlter Inflation im Rahmen der Eurobargeldeinführung nicht ausschließlich bei Verbrauchern mit geringerem Bildungsniveau zu beobachten ist, sondern in ähnlichem Ausmaß in allen Haushalten aufgetreten ist.

Zusammenfassend ist die Inflationswahrnehmung zwar desto ausgeprägter, je niedriger das Bildungsniveau bzw. das Haushaltseinkommen ist, jedoch hatten diese Eigenschaften im Zuge der Eurobargeldeinführung keinen Einfluss auf die rapide ansteigende Wahrnehmung nahezu aller Verbraucher.

3.2.2 Einfluss des Referenzpreises

Ein weiteres Phänomen im Zusammenhang mit der gefühlten Inflation besteht darin, dass viele Verbraucher über Jahre hinweg die aktuellen Preise mit den Preisen zu Zeitpunkten vor der Eurobargeldeinführung verglichen haben und noch vergleichen. Dabei vernachlässigen diese die Tatsache, dass die Preise sich auch bei Weiterführung der alten Währung kontinuierlich erhöht und Inflationseffekten unterlegen hätten und auch in der alten Währung zu aktuell deutlich höheren Preisen angeboten werden würden. Untersuchungen in Österreich durch Fluch und Stix[17] konnten nachweisen, dass Verbraucher, die immer oder häufig aktuelle Europreise in Schilling umrechnen, eine deutlich höhe-

[17] Fluch, M./Stix H., Wahrgenommene Inflation in Österreich, Ausmaß, Erklärungen, Auswirkungen.

re Inflation wahrnehmen als Personen, die ausschließlich Europreise als Referenz benutzen. Um das Ausmaß dieses Effekts zu untersuchen, muss allerdings geklärt werden, welche Referenzpreise Verbraucher durchschnittlich benutzen. Dabei ist weder davon auszugehen, dass sie zur Bestimmung ihrer Inflationswahrnehmung, wie die amtliche Statistik, den Preis des Vorjahresmonats als Referenz nehmen, allerdings kann auch angenommen werden, dass die genauen Preise einer Vielzahl von Produkten vor der Eurobargeldeinführung ebenfalls bei den Verbrauchern nicht mehr präsent sind.

Vielmehr ist zu vermuten, dass als Referenzpreis ein subjektiv wahrgenommener Mittelwert aus Zeiten vor der Eurobargeldeinführung und verschiedenen Zeitpunkten danach angewendet wird. Brachinger[18] vergleicht in seiner Studie die Entwicklung seines Index für wahrgenommene Inflation, wenn er als Referenzpreise einerseits einen Mittelwert der Preise der letzten zwei Jahre („-2") und darüber hinaus die Preise vor der Eurobargeldeinführung („DM-Anker") annimmt. Als dritte Referenz nutzt er einen Referenzpreis, in den der ehemalige DM-Preis mit zunehmendem zeitlichem Abstand von der Eurobargeldeinführung mit immer geringerem Gewicht einfließt („DM-Anker korrigiert"). Abbildung 3-7 zeigt die Entwicklung des IWI bei Zugrundelegung der unterschiedlichen drei beschriebenen Referenzpreise für Deutschland.

Bei Nutzung von Referenzpreisen in der alten Währung steigt der IWI kontinuierlich an. Zwar kann bei dieser Methode der IWI innerhalb eines Kalenderjahres niedriger sein als in den Vormonaten des gleichen Jahres, allerdings ist es nicht möglich, dass die Inflation im Vergleich zu einem Monat eines beliebigen Vorjahres niedriger ist. Grund dafür ist, dass sich der repräsentative Warenkorb auch bei Verwendung von

[18] Brachinger, H.-W., Der Euro als Teuro? Die wahrgenommene Inflation in Deutschland.

Brachingers oben beschriebenen, von der Berechnung des VPI unterscheidenden Hypothesen kontinuierlich verteuert hat und dieser so Spitzenwerte von bis zu 16% annimmt. Dieses Extremmodell zeigt, dass Verbraucher, die bis heute eingefrorene Preise in ihrer alten Währung in Euro umrechnen und als Referenz zu Grunde legen, eine unaufhörliche und besonders ausgeprägte Inflation wahrnehmen.

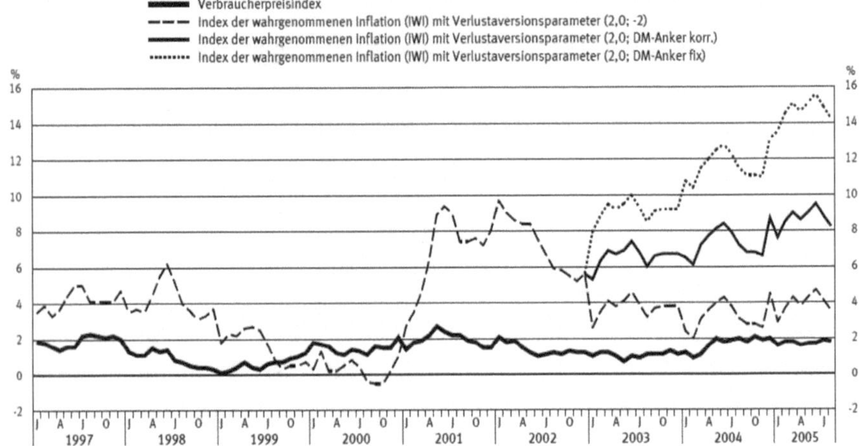

Abbildung 3-7: Entwicklung des IWI in Deutschland bei Annahme unterschiedlicher Referenzpreise (Quelle: Brachinger, 2005)

Allerdings ist davon auszugehen, dass im Jahr 2011 der Anteil an Verbrauchern, welche diese Referenzpreise nutzen, verschwindend gering ist, wenn auch in öffentlichen Debatten für vereinzelte Waren immer wieder der Vergleich mit dem jeweiligen Preis vor der Eurobargeldeinführung herangezogen wird. Diese Argumentation ist natürlich wissenschaftlich besonders dann nicht ernst zu nehmen, wenn es sich um Waren handelt, deren Qualität und technische Eigenschaften sich im Laufe der Zeit ständig weiterentwickelt haben, wie z.B. bei Autos, die immer stärker mit Sicherheits- und Komfortkomponenten ausgestattet werden.

Dem gegenüber verläuft der IWI bei Annahme eines über die jeweiligen 24 letzten Monate gemittelten Referenzpreises deutlich moderater und näher am Verlauf des VPI, da dann die aktuellen Preise immer mit Preisen der jüngeren Vergangenheit verglichen werden. Zu guter Letzt scheint die dritte Variante, bei der die ehemaligen DM-Preise mit immer geringerem Gewicht in den Referenzpreis eingehen, diejenige zu sein, welche der Realität am meisten entspricht, da davon auszugehen ist, dass die Verbraucher bei der Ermittlung ihrer subjektiven Referenzpreise auch länger zurückliegende Preise mit einbeziehen. Allerdings kann beobachtet werden, dass sich dessen qualitativer Verlauf deutlich von den Ergebnissen der Umfrage des Consumer Surveys unterscheidet, weswegen diese Annahme vorerst angezweifelt werden muss. Abschließend bleibt festzuhalten, dass der für die Bestimmung der Inflationsrate zu Grunde gelegte Referenzpreis wesentlichen Einfluss auf die wahrgenommene Inflation hat, dass es aber schwierig ist, dessen Ausmaß quantitativ zu bestimmen. Auf Grund des qualitativen Verlaufs des IWI bei Annahme unterschiedlicher Referenzpreise beim Vergleich mit den Ergebnissen des Consumer Surveys scheint hier die Annahme, dass Verbraucher ihre Referenzpreise über die letzten 24 Monate mitteln, am genauesten die Realität widerzuspiegeln

3.2.3 Einfluss des zu Grunde gelegten Warenkorbs

Wesentlichen Einfluss auf die Inflationswahrnehmung der Verbraucher hat auch die Zusammensetzung des Warenkorbs, anhand dessen der einzelne Verbraucher die persönlich wahrgenommene Inflation misst. Da nicht davon auszugehen ist, dass Verbraucher ihren persönlichen Warenkorb mit Hilfe wissenschaftlich fundierter Methoden berechnen, sondern vielmehr anhand der Waren bestimmen, mit denen sie häufiger im Kontakt sind, ist eine Betrachtung eines verkleinerten Warenkorbs mit besonders häufig gekauften Waren sinnvoll. Fluch und Stix[19] haben für die Bewertung der wahrgenommenen Inflation in Österreich so genannte Mikro- und Miniwarenkörbe untersucht, die typische tägliche bzw. wöchentliche Einkäufe beinhalten und dabei herausgefunden, dass für den untersuchten Zeitraum von 2001 bis 2004 die Inflation umso stärker anstieg, je kleiner der Warenkorb wurde. Dementsprechend scheint auch die von Brachinger für den IWI zu Grunde gelegte Annahme sinnvoll, dass Güter, die häufiger gekauft werden, stärker in die Berechnung des IWI eingehen als Güter, die nur selten gekauft werden. Diese Hypothese scheint in der gleichen Studie von Fluch und Stix dadurch bestätigt werden zu können, dass Personen, die häufiger Kaufentscheidungen zu treffen haben, wie z.B. Haushalt führende Personen, eine stärkere Inflation wahrnehmen als Personen, die seltener Kaufentscheidungen zu treffen haben.

Das Statistische Amt der Europäischen Union untersucht die Entwicklung der Inflation mit Hilfe des so genannten FROOPP- (Frequent out of Pocket Purchases) Warenkorbs. Dieser weicht vom HVPI-Warenkorb ab und enthält Waren, die regelmäßig in mindestens monatlichen Intervallen beschafft werden müssen. Die Inflationsentwicklung des FROPPP-Warenkorbs liegt dabei oberhalb des offiziellen HVPI (Abbildung 3-8).

Wenn auch dieser Effekt im Rahmen der Finanzkrise von Mitte 2007 bis Anfang 2009 besonders stark war, so ist doch zu beobachten, dass bei Betrachtung des vom Statistischen Amt der Europäischen Union genutzten FROOPP-Warenkorbs die höheren Inflationsraten der FROOPP-Güter nicht erst seit der Eurobargeldeinführung aufgetreten sind, sondern bereits davor in vergleichbarem Ausmaß zu beobachten waren.

[19] Fluch, M./Stix H., Wahrgenommene Inflation in Österreich, Ausmaß, Erklärungen, Auswirkungen.

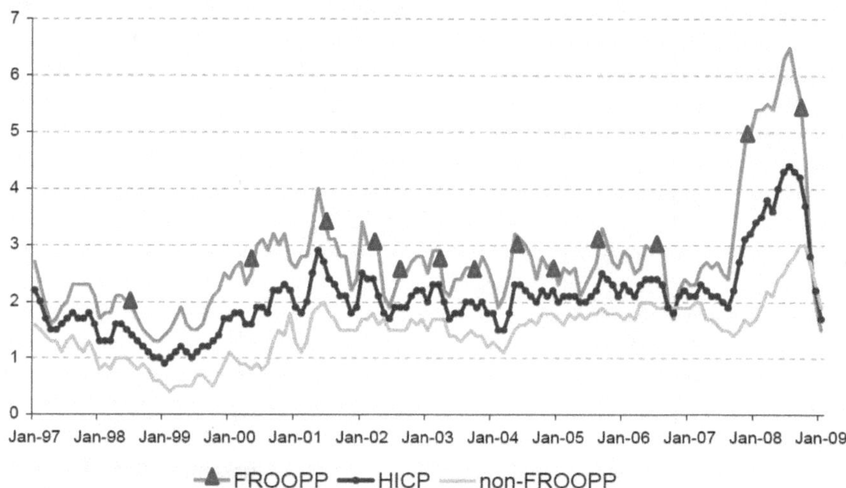

Abbildung 3-8: Inflation des verminderten FROOPP-Warenkorbs in der Eurozone (Quelle: Statistisches Amt der Europäischen Union)

In einer ähnlichen Untersuchung haben Del Giovane und Sabbatini[20] eine Auswahl der in den italienischen Verbraucherpreisindex eingehenden Güter danach unterteilt, mit welcher Häufigkeit diese gekauft werden und deren Inflationsentwicklung untersucht (Abbildung 3-9).

Ergebnis der Studie nach del Giovane und Sabbatini war jedoch im Gegensatz zur Entwicklung des FROOPP-Index vor und nach der Eurobargeldeinführung, dass in Italien erst seit 2002 häufig gekaufte Güter einer deutlich höheren Inflation unterlagen als selten gekaufte Güter und diese Entwicklung auch weiterhin anhält.

[20] Del Giovane, P./Sabbatini, R., The introduction of the euro and the divergence between officially measured and perceived inflation.

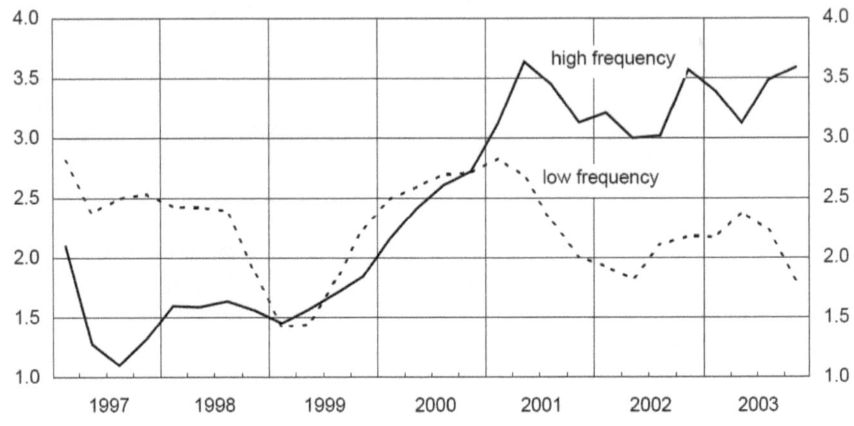

Abbildung 3-9: Preisentwicklung von häufig und selten gekauften Gütern in Italien (Quelle: Del Giovane, P./Sabbatini, R., 2005)

Dabei ist davon auszugehen, dass die häufig gekauften Güter auf Grund des regelmäßigen Kontakts der Verbraucher zu ihnen eine besonders starke Gewichtung in deren subjektiven Warenkörben haben und so deren Inflationswahrnehmung maßgeblich beeinflussen. Ähnliche Beobachtungen können im gleichen Zeitraum auch für Deutschland gemacht werden[21]. Da dieser Effekt erst im Rahmen der Eurobargeldeinführung aufgetreten ist, ist auch davon auszugehen, dass Verbraucher bereits zu deren Beginn die neue Währung mit steigender Inflation assoziierten und dass diese bereits früh gebildete Einstellung auch mit sachlichen Argumenten schwer zu revidieren sein wird. Dabei ist langfristig davon auszugehen, dass, wenn häufig gekaufte Güter einer höheren Inflation unterliegen als selten gekaufte Güter, Haushalte mit geringerem Einkommen eine höhere Inflation spüren werden, da selten gekaufte Güter oft Luxusgüter darstellen, deren Kaufentscheidung aufgeschoben oder revidiert werden kann.

[21] Brachinger, H.-W., Der Euro als Teuro? Die wahrgenommene Inflation in Deutschland.

Bei Berücksichtigung der weiteren Hypothese von Brachinger, dass gemäß des Konzepts der Verlustaversion von Tversky und Kahnemann Preisanstiege stärker wahrgenommen werden als Preisreduzierungen, ist in diesem Zusammenhang davon auszugehen, dass die von den Verbrauchern wahrgenommene Inflation noch über den in der Studie von Del Giovane und Sabbatini berechneten liegt, da hier Preisanstiege nicht stärker als Reduzierungen gewertet wurden. Gerade die Tatsache, dass kaufhäufigere Güter einer höheren Inflation unterlagen, stützt den von Brachinger entwickelten IWI. Allerdings ist nicht erfassbar, wie sich der individuelle Warenkorb eines durchschnittlichen Verbrauchers quantitativ und qualitativ zusammensetzt und mit welcher Gewichtung sich bestimmte Güter in diesem auswirken. So hat die Preisentwicklung von Fleisch keine Auswirkung auf die Inflationswahrnehmung von Vegetariern und die Preisentwicklung von Mieten keine Auswirkung auf Eigenheimbesitzer, unabhängig davon, wie häufig andere Verbraucher diese Güter erwerben. Auch wenn es den Durchschnittsverbraucher nur in der Theorie gibt und weder von der offiziellen Statistik noch von Brachinger individuelle und subjektive Verhaltensweisen berücksichtigt werden können, scheinen die Annahmen und der IWI Brachingers dennoch am besten geeignet, eine, wenn auch wie beschrieben mit Einschränkungen versehene, globale Aussage über die Inflationswahrnehmung von Verbrauchern zu machen.

3.2.4 Einfluss der Umstellung auf attraktive Euro-Preise

Im Rahmen der Eurobargeldeinführung wurden die Preise nicht nur mit Hilfe des festgelegten Umrechnungskurses der jeweiligen Währung auf Europreise umgerechnet, sondern seitens der Verkäufer und Anbieter oft auch so angepasst, dass sich daraus attraktive Preise ergaben. Als attraktiv gelten dabei Preise, welche auf „0“ oder „5“ enden bzw. Schwellenpreise, die auf „8“ oder „9“ enden und daher als besonders günstig erscheinen[22]. Auch wenn es sich dabei um eine einmalige Angelegenheit gehandelt hat und der daraus folgende Effekt nur temporär anhielt, so ist doch davon auszugehen, dass, wenn die Umstellung auf attraktive Europreise zu umfangreichen Preiserhöhungen genutzt wurde, dies von den Verbrauchern bemerkt wurde und bei diesen zu weiteren Assoziationen zwischen erhöhter Inflation und der neuen Währung geführt hat.

Chlumsky und Engelhardt haben in einer vom Statistischen Bundesamt in Auftrag gegebenen Studie anhand 35 unterschiedlicher Produktgruppen untersucht, inwieweit im Rahmen der Umstellung auf attraktive Euro-Preise in Deutschland Preiserhöhungen durchgeführt wurden. Dabei haben sie die Waren nach Dienstleistungen, langlebigen Gebrauchsgütern, Nahrungsmitteln und sonstigen Gütern (z.B. Zahncreme, Tageszeitungen, Feinstrumpfhose, etc.) unterteilt. Dabei kommen Sie zu dem Schluss, dass die Zahl aller Preisänderungen im Monat vor und den beiden Monaten nach der Eurobargeldeinführung sprunghaft angestiegen ist (Abbildung 3-10).

Gleichzeitig ist der Anteil der bei der Umstellung auf attraktive Europreise, also euroinduzierten, Preisänderungen an allen Preisänderungen ebenfalls sprunghaft angestiegen und erreichte im Zeitraum von Dezember 2001 bis Januar 2002 einen Wert von 53,2%. Dieser Anteil ist daraufhin aber kontinuierlich zurückgegangen und betrug im Zeitraum von Juni 2002 bis Oktober 2002 lediglich nur noch 21,2%. Betrachtet man nur die euroinduzierten Preisänderungen, so waren 60% dieser Preiserhöhungen und lediglich 40% Reduzierungen.

[22] Chlumsky, J./Engelhardt, N., Ein Jahr Euro – ein Jahr Teuro, Anmerkungen der amtlichen Statistik.

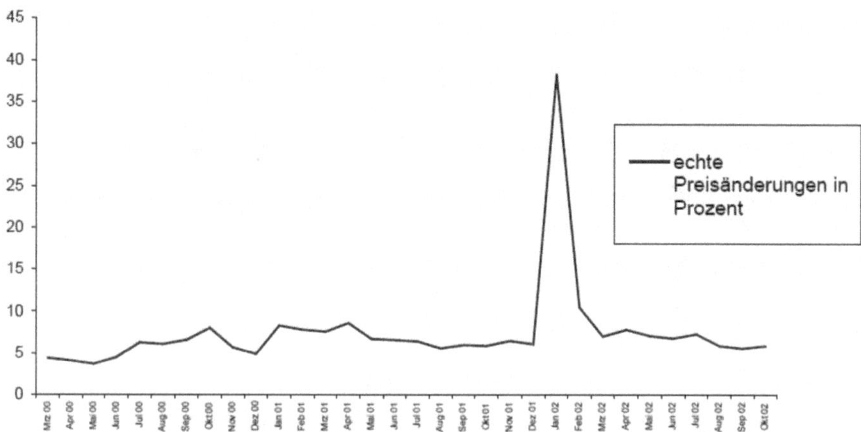

Abbildung 3-10: Anteil der Preisänderungen in Prozent von allen 35 in der Studie von Chlumsky und Engelhardt betrachteten Produktgruppen (Quelle: Chlumsky, J./Engelhardt, N., 2002, Ein Jahr Euro – ein Jahr Teuro, Statistisches Bundesamt 2002)

Geht man davon aus, dass die Wahrnehmung der Verbraucher im Zeitraum der Währungsumstellung besonders sensibel gegenüber Preisänderungen war, so ist diesen nicht entgangen, dass bei der Währungsumstellung mehr Preisanpassungen auf attraktive Preise zu Gunsten höherer Europreise durchgeführt wurden als zu niedrigeren. Gleichzeitig werden viele Verbraucher auf Grund von Unkenntnis genauer Preise vieler Produkte in der alten Währung auch echte, nicht euroinduzierte Preiserhöhungen dem Euro zugerechnet haben.

Auch wenn dieser Effekt nur einmalig aufgetreten ist und für alle betrachteten Güterarten spätestens Ende 2003 die Umstellung auf attraktive Europreise fast vollständig abgeschlossen war, so hat dies dennoch die kritische Einstellung und das Misstrauen vieler Verbraucher gegenüber ihrer neuen Währung bestärkt. Gleichzeitig war zu beobachten, dass für einige Dienstleistungen und Güter besonders starke Preiserhöhungen in den Folgemonaten teilweise wieder rückgängig gemacht wurden. Über das ganze Kalenderjahr hinweg haben diese temporär besonders extremen Preiserhöhungen also nicht zu einer explodierenden Inflation beigetragen und wurden durch die spätere Reduzierung geglättet. Allerdings ist zu vermuten, dass den Verbrauchern gerade diese temporären Spitzenwerte besonders stark aufgefallen und in Erinnerung geblieben sind, was zu einem weiteren Auseinanderklaffen der Verbraucherwahrnehmung von Inflation und der Messung durch die amtliche Preisstatistik geführt hat.

3.2.5 Einfluss der Entwicklung des Reallohns

Weiteren Einfluss auf die Wahrnehmung der Inflation durch die Verbraucher kann die Entwicklung des Reallohns haben. Dieser stellt den preisbereinigten Bruttoverdienst vollzeitbeschäftigter Arbeitnehmer dar und gibt somit die Gütermenge an, die mit dem Nominallohn tatsächlich eingekauft werden kann. Steigen Nominallohn und Inflation in einer Periode gleichermaßen an, kann der vollzeitbeschäftigte Arbeitnehmer bzw. Haushalt, dem dieser sein Einkommen zur Verfügung stellt, die gleiche Gütermenge erwerben wie in der vorherigen Periode.

Es ist davon auszugehen, dass Verbraucher ihre subjektiv wahrgenommene Geldwertstabilität nicht nur wissenschaftlich korrekt anhand der Entwicklung des Preisniveaus ermitteln, sondern vielmehr anhand der Gütermenge, welche sie mit ihrem Einkommen bei gleicher Arbeit erwerben können. Abbildung 3-11 zeigt die Entwicklung des Reallohns in Deutschland seit der Wiedervereinigung (2010=100%).

Der Reallohn in Deutschland hat sich von seinem temporären Höchststand nach der Wiedervereinigung vorerst zurückentwickelt und dann auf Grund der damals besonders niedrigen Inflationsrate vor der Eurobargeldeinführung mit seinem Höchststand im Jahr 2001 wieder positiv entwickelt.

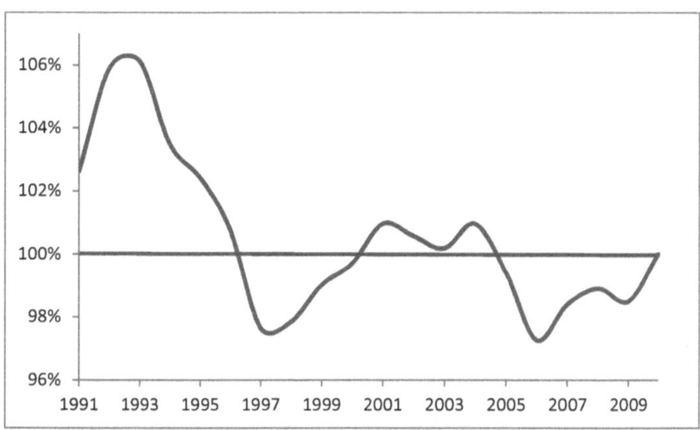

Abbildung 3-11: Entwicklung des Reallohns in Deutschland, 2010=100% (Quelle: Europäische Kommission, Wirtschafts- und Sozialwissenschaftliches Institut)

Danach hat er eher stagniert und sich dann nach kurzem Ansteigen im Jahr 2003 ab 2004 vorerst wieder rückläufig entwickelt. Auch wenn ab 2006 wieder ein Anstieg der Reallöhne zu beobachten ist, so konnten erst 2010 wieder Stände erreicht werden, die annähernd denen unmittelbar vor der Eurobargeldeinführung entsprachen.

Grund für die Entwicklung der Reallöhne in Deutschland seit dem Jahr 2002 sind weniger die Inflationsraten, die ja, wie aufgezeigt, vergleichsweise niedrig waren, sondern die bewusst moderaten Lohnerhöhungen, welche zum Ziel hatten eine höhere Wettbewerbsfähigkeit Deutschlands zu gewährleisten. Diesbezüglich stellt Deutschland allerdings einen Sonderfall dar, da sich die Reallohnentwicklung in anderen Staaten der Eurozone deutlich positiver vollzogen hat wie z.B. in Frankreich, wo der Reallohn zwischen 2000 und 2008 um 12,7% oder Irland, wo der Reallohn im gleichen Zeitraum um 30% gestiegen ist. Diesbezüglich müsste die Reallohnentwicklung gerade in Deutschland zu einer erhöhten Inflationswahrnehmung seitens der Verbraucher führen. Dass der Effekt erhöhter wahrgenommener Inflation seit der Eurobargeldeinführung aber auch in allen anderen Staaten der

Eurozone zu beobachten ist, zeigt jedoch auch, dass dies nicht den alleinigen Grund für wahrgenommene Inflation darstellen kann. Wie bei den anderen beschriebenen Erklärungsgründen für die erhöhte Inflationswahrnehmung bleibt es auch für die Entwicklung des Reallohns fast unmöglich, quantitativ zu bestimmen, in welchem Ausmaß diese die Inflationswahrnehmung der Verbraucher beeinflusst hat.

3.2.6 Einfluss der Medien

Wesentlichen Einfluss auf die Meinungsbildung der Verbraucher und die Einstellung dieser gegenüber der neuen Währung bzw. das Verbinden dieser mit Inflation hatte auch die Berichterstattung in den Medien. Während zu beobachten war, dass Qualitätsmedien schon früh dazu übergingen, den Unterschied zwischen tatsächlicher und wahrgenommener Inflation genauer zu skizzieren und darstellten, dass die Inflation seit der Einführung des Eurobargelds sogar besonders niedrig gewesen ist[23], finden sich in der Boulevardpresse wie z.B. in der Bild wenn auch nicht falsche, so aber doch missverständliche Beschreibungen der Inflationswirkung des Euro. So titelte die Bild noch am 16.01.2010[24] „Euro nur noch 80Cent wert – Der Euro hat seit dem Start der Europäischen Währungsunion 20% an Wert verloren“ und offerierte dem Leser somit eine besonders starke Euro-bedingte Inflation. Im Artikel selber werden darüber hinaus keine weiteren Angaben gemacht, wie diese 20% errechnet wurden bzw. Wertungen über die Entwicklung der Inflationsrate in Deutschland abgegeben. Dabei stellen die 20% die kumulierten Inflationsraten von 2002-2009 dar, was einer durchschnittlichen jährlichen Inflationsrate von 2,5% entspricht

[23] Wiese, Sönke in Stern vom 11.01.2006, Die Mär vom Teuro.

Siemens, Ansgar in Focus vom 02.05.2008: Der Teuro ist ein Märchen.

Piper, Nikolaus in Süddeutsche Zeitung vom 14.01.2004, Von wegen Teuro.

[24] Santen, Oliver in BILD vom 16.01.2010, Euro nur noch 80Cent wert.

und gerade bei Berücksichtigung der Tatsache, dass die Finanzkrise in diesem Zeitraum lag, durchaus moderate Werte darstellt.

Auch der Index für wahrgenommene Inflation wird in der Bild aufgegriffen, aber nicht weiter erklärt und als eigentlicher Index zur Messung der Inflation dargestellt, während gleichzeitig suggeriert wird, dass den offiziellen Statistiken nicht zu trauen ist[25]. Im Artikel selber wird dann geschrieben „Nach Brachinger hat sich der Euro auch durchaus zum Teuro gemausert“. Die Grundlage für diese Aussage ist jedoch der höhere Wert des IWI gegenüber dem VPI, während Brachinger selber in Interviews unterstrichen hat, dass der Euro nicht zu einer höheren Inflation geführt hat[26].

Berücksichtigt man, dass die Boulevardpresse im Allgemeinen und die Bild mit fast drei Millionen täglich verkauften Exemplaren[27] und ungezählten Mitlesern und Onlinelesern im Speziellen einen nicht unwesentlichen Anteil der deutschen Verbraucher erreicht, so haben diese einen nicht zu vernachlässigen Einfluss auf die Meinungsbildung der Verbraucher. Nichtsdestotrotz wird auch in der Qualitätspresse deutlich, dass den Aussagen der amtlichen Statistik misstraut und der IWI als eigentlicher Indikator für die Preisentwicklung angesehen wird. So finden sich in fast allen Artikeln über die Inflation in der Eurozone Hinweise auf den IWI oder die Ergebnisse von Prof. Brachinger. So war in der Onlineausgabe der Welt zu lesen „Die Konsumenten haben eine

[25] N.N. in Bild vom 05.06.2008, Gefühlte Inflation – Teuerungsrate schon bei 12%.

[26] N.N. in Süddeutsche Zeitung vom 19.12.2006, Wenn die Geldbörse der Statistik widerspricht.

[27] N.N. in World Press Trends, Kaufzeitungen im Überblick, 2006.

feinere Nase als die Statistik"[28] und auch der Stern titelte „Korrekte Studien provozieren die Verbraucher"[29].

Geht man nun von der realistischen Annahme aus, dass Verbraucher in der Regel nicht im Detail wissen, wie wissenschaftlich die Geldwertstabilität berechnet wird, so kann man annehmen, dass diese nur allzu gerne solche Beiträge in der Presse als Beweis dafür ansehen, dass die offiziellen Statistiken unsinnig sind und die Verbraucher in die Irre führen sollen und der Euro eigentlich zur deutlichen Teuerung beigetragen hat.

Um nun die Korrelation zwischen der Beschreibung der Inflationsentwicklung in den Medien und der Wahrnehmung durch die Verbraucher zu untersuchen, haben Del Giovane und Sabbatini[30] für die besonders kritische Zeit um die Eurobargeldeinführung diesen Zusammenhang in Italien für zwei Zeitungen, die *Il Sole 24 Ore* (führende Wirtschaftstageszeitung) und die *La Stampa* (Italienweite Tageszeitung), ausgewertet, wie oft in diesen in den Jahren vor und nach der Eurobargeldeinführung folgende Wortkombinationen im Titel bzw. im Text enthalten waren:

1. „teuer" und „Leben", „teuer" und „Preis", „Lebenserhaltungskosten" im Titel (alle Platzhalter für Inflation),
2. „Inflation" oder „teuer" und „Leben" im Titel und „Assoziation" oder „Verbraucher" im Text.

---

[28] N.N. in Die Welt vom 17.01.2011, Die gefühlte Inflation liegt dreimal höher.

[29] Wiese, Sönke in stern.de vom 18.01.2006, Korrekte Studien provozieren die Verbraucher.

[30] Del Giovane, P./Sabbatini, R., The introduction of the euro and the divergence between officially measured and perceived inflation.

Die erwähnten Zeitungen wurden aus dem Grund ausgewählt, dass die eine für Fachleute herausgegeben wird, welche mit wirtschaftlichen Fragestellungen vertraut sind, und die andere sich an eine überdurchschnittlich gebildete und wohlhabende Leserschaft adressiert. Gleichzeitig war bei Auswahl dieser beiden Zeitungen die Auswertung der Daten einfacher, da sie auf demselben Online-Archiv gespeichert waren. Abbildung 3-12 und 3-13 zeigen die Ergebnisse aus der Studie.

Dabei ist zu beobachten, dass für beide Zeitungen und bei beiden Suchen, sowohl ausschließlich im Titel als auch bei Zunahme des Texts, die höchsten Werte nach der Eurobargeldeinführung erzielt wurden. Einzige Ausnahme ist die Zeitung *Il Sole 24 Ora,* für die im Jahr 2000 bei der Titelsuche kurzfristig mehr Artikel mit der gesuchten Wortkombination erschienen sind als ab 2002.

Als Erklärung nennen die Autoren, dass im Jahr 2000 in Italien nach vorher sehr niedrigen Inflationsraten diese erstmalig nach langer Zeit wieder stark angestiegen waren. Nichtsdestotrotz scheint in Italien das Thema Inflation im Rahmen der Eurobargeldeinführung deutlich an Wichtigkeit zugenommen zu haben und der Fokus der Verbraucher daraufhin gelenkt worden zu sein. Dies deckt sich mit den Beobachtungen, dass in Italien die wahrgenommene Inflation ebenfalls mit der Einführung des Eurobargelds deutlich zugenommen hat, obwohl die italienische Lira eine deutlich geringere Geldwertstabilität aufwies als z.B. die DM.

Dies scheint wiederum die Annahme zu bestätigen, dass die Verbraucher durch die Berichterstattung in den Medien ebenfalls beeinflusst werden, da die schlagartige Zunahme der wahrgenommenen Inflation in Italien mit der deutlichen Zunahme der Berichterstattung zeitlich übereinstimmt.

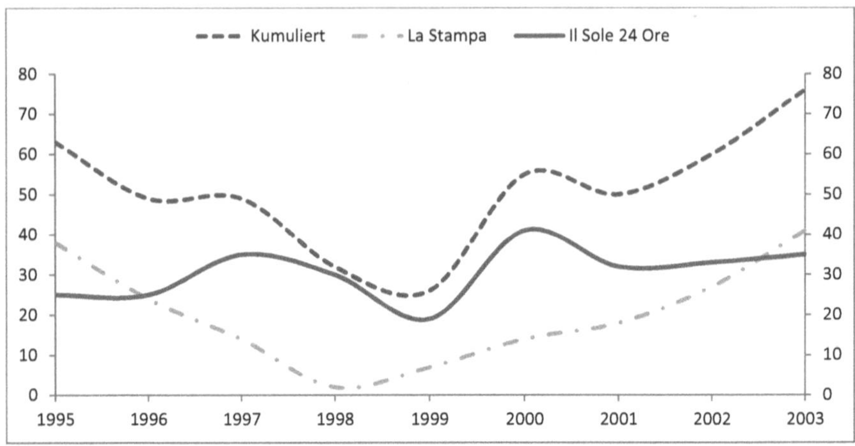

Abbildung 3-12: Anzahl der Artikel mit beschriebener Wortkombination im Titel (Quelle: Del Giovane, P./Sabbatini, R., 2005)

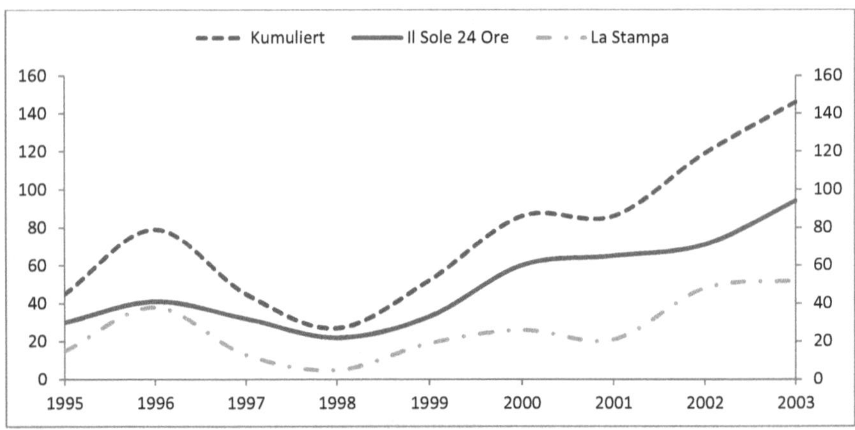

Abbildung 3-13: Anzahl Artikel mit beschriebener Wortkombination in Titel und Text (Quelle: Del Giovane, P./Sabbatini, R., 2005)

Allerdings darf in diesem Zusammenhang nicht vergessen werden, dass zwischen Verbraucherwahrnehmung und Abdeckung durch die Medien eine Rückkopplung besteht. Denn diese berichten umso intensiver über ein Thema, desto mehr die Verbraucher sich dafür interessieren bzw. sich auf Grund eines Themas beunruhigen. Es kann also nicht unbedingt von einem kausalen Zusammenhang zwischen Berichterstattung in den Medien und Verbraucherwahrnehmung ausgegangen werden, vielmehr kann dieser Zusammenhang sogar in der umgekehrten Richtung bestehen.

Gleichzeitig muss in diesem Zusammenhang aber auch untersucht werden, ob negative Schlagzeilen über die eurobedingte Inflation die Verbraucher prinzipiell von dem beschriebenen negativen Sachverhalt überzeugen bzw. positive Schlagzeilen zu einer positiven Einstellung führen. Dazu wurde für ausgewählte Artikel aus deutschen Zeitungen und Nachrichtenmagazinen ausgewertet, ob und inwieweit der Tenor eines Artikels Auswirkungen auf die zu diesem Artikel online abgegebenen Kommentare hatte. Die Kommentare wurden diesbezüglich unterteilt in

- „halten den Euro für die Inflation verantwortlich/zweifeln an der offiziellen Statistik",
- „halten den Euro nicht für die Inflation verantwortlich/differenzierte Betrachtung des Sachverhalts",
- „nicht einzuordnen".

Die Artikel wiederum werden in die Kategorien

- „sachlich-wissenschaftliche Beschreibung von Geldwertstabilität und Inflation bzw. bestätigt offizielle Statistik",
- „suggeriert den Euro als Inflationstreiber bzw.zweifelt an offizieller Statistik" unterteilt.

Nach den Ergebnissen in Abbildung 3-14 lassen sich 12% der Gesamtanzahl der Leser durch den Tenor des Artikels beeinflussen, da 29% der Kommentare zu Artikeln, welche die offizielle Statistik bestätigen und dem Euro eine hohe Stabilität bescheinigen, dies ebenfalls so sehen, während in Artikeln, die die offizielle Statistik anzweifeln, nur 17% der Kommentare diese These zu widerlegen suchen.

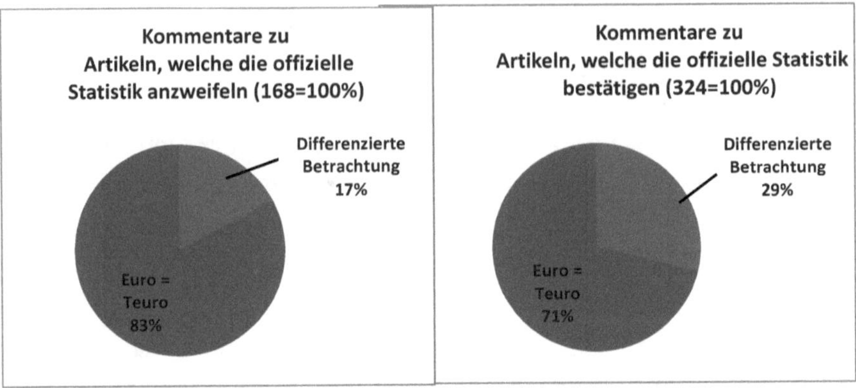

Abbildung 3-14: Auswertung der Kommentare zu Artikeln, die suggerieren, dass der Euro deutlich zur Inflation beigetragen bzw. nicht beigetragen hat (Quelle: Tabelle 6)

Dabei muss allerdings berücksichtigt werden, dass die Ergebnisse durch die bereits vorher herrschende Grundeinstellung der Leser beeinflusst sein können. So ist es möglich, dass Leser, die den Euro als Inflationstreiber ansehen, gar nicht erst Artikel lesen, welche das Gegenteil behaupten und deswegen diese auch nicht kommentieren und umgekehrt.

Insgesamt kann aber bei der Auswertung der Kommentare festgestellt werden, dass unabhängig vom Tenor des Artikels eine deutliche Mehrheit der Kommentatoren die Ergebnisse der offiziellen Statistik anzweifelt und die Einführung des Eurobargelds für umfangreiche Preiserhöhungen verantwortlich macht. Dabei ist auch zu beobachten, dass in einem Artikel[31], in welchem Prof. Brachinger interviewt wird, dieser zwar die Schwächen des VPI hinsichtlich der Bewertung gefühlter Inflation beschreibt, der VPI von Brachinger aber durchaus

[31] Ackermann, Rolf in Wirtschaftswoche vom 30.05.2008, Wir sind mittendrin.

als sinnvoll und richtig für die Berechnung der Geldentwertung genannt wird. Die Leser haben diesbezüglich allerdings eine selektive Wahrnehmung und kommentieren den IWI als eigentlichen Inflationsindikator und loben Prof. Brachinger lediglich für die Aufdeckung des Betrugs durch die amtliche Statistik, ohne dabei zu bemerken, dass IWI und VPI auf dem gleichen Warenkorb basieren und unterschiedilche Dinge, nämlich Geldwertstabilität und gefühlte Inflation messen oder Brachingers Aussagen zum VPI zu kommentieren. Darüber hinaus finden sich in den Kommentaren viele bereits genannte Gründe für die Wahrnehmung erhöhter Inflation. So wird der gestiegene Ölpreis dem Euro zugerechnet, der Warenkorb als unrealistisch kritisiert, der Preis einzelner Güter im Jahr 2011 mit dem DM-Preis aus 2001 verglichen oder die Kaufkraft des Euro daran gemessen, wie voll ein Einkaufswagen am Ende des Einkaufs bei gleichen Ausgaben zu DM- und Eurozeiten ist.

Des weiteren werden in den neueren Artikeln aktuelle wirtschaftliche Themen aus der Eurozone aufgegriffen und die Euro-bedingte Inflationswahrnehmung durch Maßnahmen wie z.B. den Rettungsschirm (ESFS) für die von Insolvenz bedrohten Euroland-Staaten beeinflusst. Abschließend kann zu Auswirkungen der Berichterstattung in den Medien auf die Inflationswahrnehmung der Verbraucher festgehalten werden, dass die Medien zwar durchaus durch Häufigkeit und Tenor die Verbraucherwahrnehmung beeinflussen, dass zwischen Medien und Verbrauchern aber eine Rückkopplung besteht, so dass kausale Zusammenhänge nicht einwandfrei bewiesen werden können und dass der Großteil der Verbraucher, welcher den Euro für einen Teuro hält, auch bei sachlicher Berichterstattung und Argumenten nicht bereit ist, seine diesbezügliche Meinung kritisch zu reflektieren oder sogar zu revidieren.

3.3 Auswirkung der wahrgenommenen Inflation auf das Verbraucherverhalten

Scheint die gefühlte Inflation auf den ersten Blick erst einmal ein Problem der Verbraucher selber zu sein, die durch diese einem ständigem Ärgernis und gefühlter Knappheit unterliegen, so ist sie aber auch ein Problem der Politik, welche Mittel und Wege finden muss, die aufgebrachten Verbraucher, Bürger und Wähler von der realen volkswirtschaftlichen Lage zu überzeugen. Darüber hinaus beeinflusst sie aber auch die Realwirtschaft, da zumindest in der Theorie die Verbraucher durch die gefühlte Inflation nicht nur versuchen, höhere Lohnabschlüsse zu erzielen, um ihr Lebensniveau zu erhalten, sondern auch ihr Konsumverhalten (private Konsumausgaben) drosseln, Kaufentscheidungen verschieben und mehr Sparrücklagen bilden. Diesen Effekt hat LeFranc[32] in ihrer Studie für die Eurozone im Rahmen der Eurobargeldeinführung untersucht. Dabei hat sie festgestellt, dass besonders in Deutschland und in etwas abgeschwächter Form auch in Frankreich ab 2002 das Sparverhalten der Haushalte deutlich anstieg, während es aber in anderen Ländern der Eurozone weiterhin auf einem Niveau verlief, welches mit dem vor der Eurobargeldeinführung vergleichbar war.

Erst einmal lag also der Rückschluss nahe, dass dieses Verhalten in Deutschland und Frankreich mit dem gleichzeitig aufgetretenen Anstieg der gefühlten Inflation zu begründen ist. Des Weiteren hat sie eine Gleichung entwickelt, welche die volkswirtschaftliche Konsumfunktion in Abhängigkeit von Reallohn, kurzfristigem Zinssatz, historischen Daten der realen Inflation und der durch das Consumer Survey berechneten Inflationswahrnehmung ermittelt. Während ihre Ergebnisse für das Jahr 2002 noch einen hohen Korrelationskoeffizient mit dem

[32] LeFranc, S., Le brouillage des prix induit par le passage à l'euro fiduciaire a-t-il affecté la consummation des ménages dans la zone euro?

später beobachteten Konsumverhalten aufweist, ist dies für das Jahr 2003 schon nicht mehr der Fall. Daher muss vermutet werden, dass die Aussagekräftigkeit ihres Models und der von ihr vorhergesagten Auswirkung der gefühlten Inflation auf das Konsumverhalten begrenzt ist und Konsum- und Sparverhalten noch durch weitere, in der Studie nicht berücksichtigte Faktoren beeinflusst werden.

Gleichzeitig hätte dieser Effekt bei direktem kausalen Zusammenhang zwischen gefühlter Inflation und Konsum- bzw. Sparverhalten gleichermaßen in allen Ländern der Eurozone auftreten müssen, da in diesen ebenfalls im Rahmen der Eurobargeldeinführung eine deutlich erhöhte Inflationswahrnehmung zu beobachten war. Dass dies nicht der Fall war, bestätigt die Vermutung, dass das Konsumverhalten nicht ausschließlich durch die gefühlte Inflation beeinflusst wird. Weitere Faktoren, welche das Konsumverhalten beeinflussen können, sind z.B. das Nettovermögen der Haushalte oder die Beschäftigungsquote.

Im Jahr 2005 gab der Sachverständigenrat zur Begutachtung der gesamtwirtschaftlichen Entwicklung in Deutschland bekannt, dass die Differenz zwischen der tatsächlichen und gefühlten Inflation den Konsum in den angestellten Modellrechnungen nur in Ausnahmefällen beeinflusste[33]. In den letzten Jahren ist aber auch immer wieder von verschiedenen Seiten, insbesondere auch von Professor Brachinger, die Meinung vertreten worden, dass die gefühlte Inflation zu den Faktoren gehört, welche das Konsumverhalten der Verbraucher am stärksten beeinflusst. So sagte dieser in einem Interview gegenüber der Zeitung „Euro am Sonntag“:

> „Die klassische Theorie besagt, dass die künftige Konsumneigung davon abhängt, wie es aktuell um die Arbeitslosenquote und um die Inflation steht. Doch aus einer Studie, die wir für das deutsche Finanzministerium gemacht

[33] N.N. Reutersmeldung in Epoch Times vom 09.11.2005.

> haben, wissen wir, dass im Hinblick auf Inflation nicht der amtliche Index entscheidend ist, sondern die wahrgenommene Inflation“[34].

Da diese Studie nicht veröffentlich wurde, kann sie an dieser Stelle nicht weiter analysiert und damit weder bestätigt noch deren Ergebnisse angezweifelt werden. Die Europäische Kommission schreibt zu diesem Sachverhalt im Rahmen ihrer Internetpräsenz: „Inflationswahrnehmungen spielen insofern eine wichtige Rolle, als sie das Verhalten von Verbrauchern, Arbeitnehmern, Investoren und Sparern dahingehend beeinflussen, ob und was sie wo einkaufen oder ob sie ihr Geld lieber sparen wollen“[35]. Festzuhalten bleibt an dieser Stelle, dass auf Grund der komplexen und schwer berechenbaren volkswirtschaftlichen Zusammenhänge, Interdependenzen und Rückkopplungen die Auswirkung der Differenz zwischen gefühlter und realer Inflation auf das Konsumverhalten nicht isoliert bestimmt werden kann. Dennoch ist dieser Effekt ohne Zweifel vorhanden, wobei ihm im Rahmen kontroverser Diskussionen eine unterschiedlich ausgeprägte Wichtigkeit beigemessen wird.

[34] Brachinger in: N.N., Euro am Sonntag vom 02.05.2011, „Gefahr für den Konsum“.

[35] Europäische Kommission für Wirtschaft und Finanzen

4. Psychologie der Verbraucher

Im vorherigen Kapitel wurden Möglichkeiten aufgezeigt, die wahrgenommene Inflation zu messen. Dabei wurde das Consumer Survey als eine Möglichkeit vorgestellt, den aktuellen Verlauf der Inflationswahrnehmung durch die Verbraucher qualitativ zu beschreiben, die aber gleichzeitig keine quantitativen Erkenntnisse über dieses Phänomen liefern kann. Gleichzeitig wurde der von Professor Brachinger entwickelte IWI als Instrument vorgestellt, welches eine quantitative Erfassung der gefühlten Inflation ermöglicht. Ebenfalls wurde festgestellt, dass der IWI gut mit dem VPI vergleichbar ist, da er auch als Index des Laspeyerschen Typs aufgebaut ist und auf dem gleichen Warenkorb basiert. Gleichzeitig konnte aber auch beobachtet werden, dass sich bestimmte Effekte, die bei Betrachtung des qualitativen Verlaufs der Daten aus dem Consumer Survey auffallen, nicht im Verlauf des IWI wiederfinden. Grund hierfür ist, dass der IWI auf real messbaren Werten, nämlich Preisen und Kaufhäufigkeiten beruht und dadurch mit Ausnahme der unterstellten Verlustaversion psychologisch begründete Einstellungen der Verbraucher, welche teilweise jeder Realität entbehren, nicht erfassen kann.

Obwohl in Kapitel 3 bereits einige Erklärungsversuche unternommen wurden, Gründe für die Differenzen zwischen VPI, IWI und Consumer Survey zu finden, wurde dort jedoch vorerst versucht, die Problematik mit Hilfe einer wirtschaftswissenschaftlichen Vorgehensweise wie z.B. der Betrachtung der Reallohnentwicklung, Analyse des möglichen Warenkorbs oder Haushaltseinkommens zu erfassen und dabei den Verbrauchern ein, wenn auch nicht zwangsweise wissenschaftliches, so doch zumindest ein rationales Urteilsvermögen unterstellt. Dabei musste allerdings festgestellt werden, dass die gefühlte Inflation besonders in ihrem extremen Ausmaß, wie während der Eurobargeldeinführung oder der Finanzkrise, nicht mit dem Haushaltseinkommen, Bildungsniveau, Reallohnentwicklung, Miniwarenkörbe, Berichterstattung durch die Medien oder Einmaleffekten bei der Aufrundung im Zuge der Umstellung auf attraktive Europreise erklärt werden kann.

Im folgenden Kapitel soll deswegen vielmehr der Versuch unternommen werden, die Psychologie, Denk- und Verhaltensmuster sowie das Wissen der Verbraucher über die Eurozone und Inflation besser zu verstehen und so Gründe für das Phänomen gefühlter Inflation zu analysieren, welche bei der Betrachtung der realen volkswirtschaftlichen Entwicklung nicht beobachtbar sind. Abschließend wird der Versuch unternommen, Möglichkeiten und Mittel aufzuzeigen, wie zukünftig die Kluft zwischen gefühlter und realer Inflation, wenn auch nicht geschlossen, so zumindest vermindert werden kann.

4.1 Psychologische Einflüsse auf die Inflationswahrnehmung

Bei der Vorstellung des IWI durch Professor Brachinger sind bereits psychologische Einflüsse auf das Phänomen gefühlter Inflation aufgezeigt worden. So ist die Hypothese der Verlustaversion, welche in einer deutlichen Erhöhung der Inflationswahrnehmung resultiert, rein der Psychologie der Verbraucher geschuldet. Jedoch gibt es noch weitere psychologische Verhaltensweisen, welche die gefühlte Inflation begünstigen.

Eine erste dieser Verhaltensweisen wird dabei durch die Theorie der sozialen Identität beschrieben. Diese besagt u.a., dass Personen einer Gruppe versuchen, sich von vergleichbaren Gruppen positiv zu unterscheiden. In diesem Zusammenhang kann man annehmen, dass zumindest neben einigen anderen Ländern der Eurozone auch in Deutschland die DM nicht nur als Symbol des wirtschaftlichen Aufschwungs nach dem zweiten Weltkrieg stand, sondern neben anderen Symbolen wie der Fußballnationalmannschaft auch als ein Symbol der nationalen Identität galt, welches ein hohes Ansehen im Ausland garantierte und Grund gab, darauf stolz zu sein. Dadurch war den Deutschen die Möglichkeit gegeben, sich positiv von anderen Nationen zu unterscheiden. Diesbezüglich hatten besonders die Deutschen, aber auch andere Bürger von heutigen Ländern der Eurozone, welche über eine vergleichsweise stabile Währung verfügten, Bedenken zur Einführung der Gemeinschaftswährung.[36] Diese Theorie kann dadurch bestätigt werden, dass innerhalb dieser Länder diejenigen Bürger, welche sich besonders stark mit ihrem Land identifizierten, oder die den Status des jeweiligen Landes innerhalb der EU gering einschätzten, besonders negativ gegenüber der Euroeinführung eingestellt waren[37].

Auch wenn diese Theorie nicht erklären kann, warum es im Rahmen der Euroeinführung auch in den Ländern mit weniger stabilen Währungen zu einer erhöhten Wahrnehmung der gefühlten Inflation kam, konnte in einer Studie von Del Giovane und Sabbatini[38] bewiesen werden, dass ein direkter Zusammenhang zwischen wahrgenommener Inflation und Unzufriedenheit mit dem Euro besteht (Abbildung 3-14), so dass Verbraucher, welche dem Euro negativ gegenüber eingestellt sind, prinzipiell auch eine erhöhte Inflation wahrnehmen.

Die Gründe für diese negative Einstellung sind dabei durchaus vielfältig und können in der Theorie der sozialen Identität aber auch in wirtschaftlichen oder anderen Ängsten begründet sein. Die wahrgenommene Inflation scheint laut der Ergebnisse in Abbildung 4-1 umso

[36] Greitemeyer, T./Traut-Mattausch, E./Frey, D., Psychologische Konsequenzen der Euro-Einführung.

[37] Meier-Pesti, K/Kirchler, E., Nationalism and Patriotism as determinants of European Identity and Attitudes towards the Euro.

[38] Del Giovane, P./Sabbatini, R., The introduction of the euro and the divergence between officially measured and perceived inflation.

stärker ausgeprägt zu sein, desto unzufriedener die Bevölkerung mit dem Euro ist.

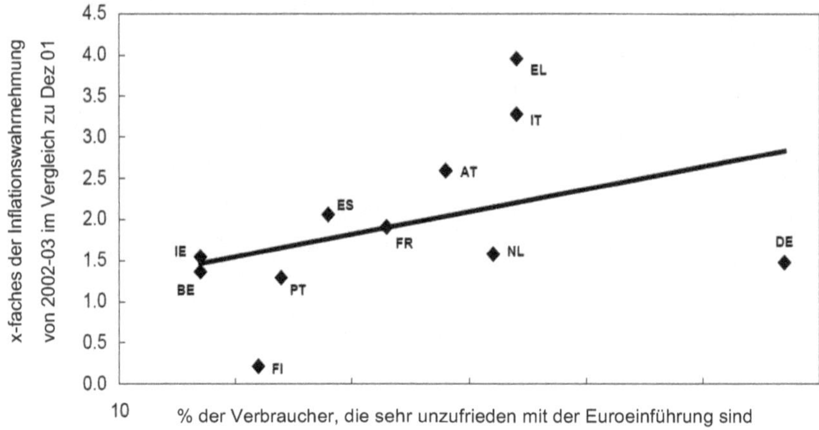

Abbildung 4-1: Korrelation zwischen wahrgenommener Inflation und Unzufriedenheit mit dem Euro (Quelle: Del Giovane, Sabbatini, 2005)

Lediglich Deutschland scheint diesbezüglich eine Ausnahme darzustellen. Allerdings müsste bei Betrachtung der hohen Unzufriedenheit der Deutschen mit dem Euro der Inflationswert sich auch auf einen so unrealistisch hohen Wert gesteigert haben, dass die vergleichsweise moderatere Inflationswahrnehmung, die immer noch deutlich über der realen Inflation liegt, noch in einem den Zusammenhang bestätigenden Verhältnis steht.

Diese negative Einstellung, welche, wie beschrieben, durchaus auch in den südlichen Ländern der Eurozone beobachtet werden konnte, kann im Rahmen der Eurobargeldeinführung die Inflationswahrnehmung durchaus beeinflusst haben. Denn in der Studie von Greitemeyer und Traut-Mattausch konnte gleichfalls nachgewiesen werden, dass Verbraucher, die steigende Preise erwarten, sogar auch dann erhöhte

Preise wahrnehmen, wenn in Wirklichkeit überhaupt keine Preisänderung stattgefunden hat. Abbildung 4-2 zeigt die Ergebnisse von Greitemeyer bezüglich des Einflusses der Erwartungshaltung der Testpersonen auf deren Schätzergebnis. Testpersonen, welche eine Preiserhöhung erwarten, schätzen also unabhängig von der realen Preisentwicklung deutlich höhere Preisänderungen und nehmen dadurch eine nicht vorhandene Inflation wahr.

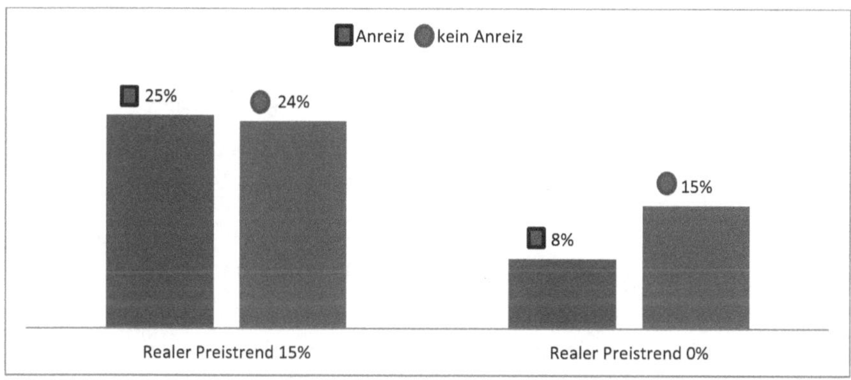

Abbildung 4-2: Geschätzte Preisänderung in % von Testpersonen, die eine Preiserhöhung erwartet haben (Quelle: Greitemeyer, 2008)

Dieses Verhalten ändert sich weder dann wesentlich, wenn den Testpersonen ein Anreiz gegeben wird, eine möglichst akkurate Schätzung durchzuführen, noch, wenn diesen die ehemaligen Preise als Referenzwert zur Verfügung gestellt werden, so dass die Verschiebung keine Folge fehlerhafter Erinnerung ist. Greitemeyer hat in seiner Studie ebenfalls eine Korrelation zwischen dem Grad der negativen Einstellung und dem Grad der Höhe der Überschätzung der Preisänderung feststellen können, d.h., dass Personen, welche eine stärkere Preiserhöhung erwarten, ob aus psychologischen oder wirtschaftlichen Gründen, auch mit hoher Wahrscheinlichkeit eine stärkere

Preiserhöhung wahrnehmen und zwar unabhängig davon, ob wirklich eine Preisänderung stattgefunden hat.

Des Weiteren kam die Studie zu dem Ergebnis, dass Testpersonen, welche keine Preisänderung erwarten, reale Preisänderungen sogar unterschätzen. Diesbezüglich ist davon auszugehen, dass viele Verbraucher in allen Ländern der Eurozone, welche alleine aus Angst und Vorsicht vor der Neuerung eine Preissteigerung befürchteten, diese im Rahmen der Eurobargeldeinführung auch wahrgenommen haben. Diese Wahrnehmung wiederum kann qualitativ mit Hilfe der Umfrage des Consumer Surveys gemessen werden, findet sich allerdings nicht im IWI von Brachinger wieder, da dieser ausschließlich auf realen und messbaren Eigenschaften des repräsentativen Warenkorbs beruht.

Dieses Verhalten lässt sich durch die asymmetrische Verarbeitung von erwartungskonformen und erwartungskonträren Informationen erklären. Erwartungskonforme Informationen, nämlich dass der Euro ein Teuro ist, werden nicht weiter geprüft und als Realität wahrgenommen. Erwartungskonträre Informationen werden hingegen genau geprüft und somit steigt die Wahrscheinlichkeit, dass bei diesen Schwachstellen gefunden und diese scheinbar oder wirklich widerlegt werden können. Dies ist natürlich nur dann möglich, wenn die Informationen die Möglichkeit zu einem Interpretationsspielraum geben. Genau dies ist bei der Bewertung der Inflation aber fast immer der Fall, da der vom Statistischen Bundesamt oder Statistikamt der Europäischen Union verwendete repräsentative Warenkorb auf Grund von persönlichen Abweichungen der Verbraucher beim Vergleich mit deren eigenem Konsum angezweifelt werden kann und dabei immer Merkmale gefunden werden können, welche die Aussage der offiziellen Statistik zumindest für den eigenen Haushalt teilweise oder vollständig widerlegt.

4.2 Einstellung und Wissen der Verbraucher zum Euro und Inflation

Im Abschnitt 4.1 wurden bereits psychologische Verhaltensweisen analysiert, welche Einfluss auf die Verbraucherwahrnehmung haben. Zusätzlich wird in diesem Abschnitt untersucht, welche Einstellungen und welches Wissen bei den Verbrauchern über den Euro und Inflation im Allgemeinen vorhanden sind und welche Assoziationen bei den Verbrauchern zwischen diesen beiden existieren. Zu vermuten ist dabei schon an dieser Stelle, dass Verbraucher die eurobedingte Inflation nicht nur auf Grund von wissenschaftlich fundierten Erkenntnissen und wirtschaftlichen Zusammenhängen bewerten und wahrnehmen.

Viel wahrscheinlicher ist, dass deren Befürchtungen und negative Einstellungen zu wirtschaftlichen Sachverhalten der Eurozone unabhängig vom wirklichen Sachverhalt durchaus zu einer Erhöhung der wahrgenommenen Inflation führen. Außerdem kann darüber hinaus vermuten werden, dass Verbraucher nicht zwischen den Maßnahmen der Geld- und der Fiskalpolitik in der Eurozone unterscheiden, da der Euro mittlerweile durchaus als ein Symbol der Eurozone bzw. sogar der Europäischen Union angesehen wird. Daher könnte dieser durchaus von den Verbrauchern zum Sündenbock für vermeintliche Fehler der Fiskalpolitik einzelner Euroländer gemacht werden.

Um diesen Zusammenhang genauer zu untersuchen, wurde in den Städten Köln und Aachen eine Meinungsumfrage mit 100 Personen durchgeführt, welche auf der Straße befragt wurden. Die Umfrage wurde ausschließlich an Samstagen durchgeführt, um möglichst auch die unter der Woche arbeitenden Teile der Bevölkerung zu erreichen. Außerdem wurde darauf geachtet, dass die Teilnehmer an der Umfrage möglichst alle Altersgruppen und beide Geschlechter umfassten. Einzige Auflage zur Teilnahme waren ausreichende Deutschkenntnisse, da dann mit einer hohen Wahrscheinlichkeit davon ausgegangen werden konnte, dass die befragte Person über einen längeren Zeitraum an der deutschen Volkswirtschaft teilgenommen und so Erfahrungen mit dem Euro und der Inflation in Deutschland gesammelt hat.

Auch wenn die Anzahl der Befragten lediglich 100 Personen umfasste und die Umfrage keine regionalen Meinungsunterschiede berücksichtigen und untersuchen konnte, kann doch angenommen werden, dass die Aussagefähigkeit der Umfrage genau genug ist, generelle Tendenzen bzgl. der Einstellung der Bevölkerung gegenüber dem Euro aufzuzeigen. Der für die Umfrage genutzte Fragebogen befindet sich im Anhang (Abbildung A3). Die erste Frage „Was verbinden Sie mit dem Euro“ sollte ergründen, ob der Befragte mit dem Euro eher positive Ereignisse wie die Europäische Integration, Stärkung deutscher Exporte, eine stabile Währung oder den Wegfall des Geldumtausches in der Eurozone verbindet oder eher negative Ereignisse wie Inflation, sinkenden Wohlstand oder die Banken- und Finanzkrise. Dabei wurde mit der Banken- und Finanzkrise bewusst ein Ereignis gewählt, welches zwar nicht durch die Einführung des Euros oder die Geld- oder Fiskalpolitik in der Eurozone verursacht wurde, aber auf Grund ihrer Aktualität noch in den Gedanken vieler Verbraucher präsent ist. Abbildung 4-3 zeigt die Ergebnisse der ersten Frage in der Reihenfolge der häufigsten Nennungen.

Auffällig ist, dass positive Ereignisse wie der Wegfall des Geldumtausches und die europäische Integration mit Deutlichkeit am häufigsten genannt wurden. Diesbezüglich kann gemäß der im Abschnitt 4.1 aufgeführten Ergebnisse von Del Giovane und Sabbatini[39], dass ein direkter Zusammenhang zwischen dem Grad der Unzufriedenheit mit dem Euro und der Wahrnehmung der Inflation besteht, nicht davon

[39] Del Giovane, P./Sabbatini, R., The introduction of the euro and the divergence between officially measured and perceived inflation

ausgegangen werden, dass ein Großteil der Verbraucher auf Grund einer negativen Einstellung zum Euro erhöhte Inflation wahrnimmt.

Abbildung 4-3: Anzahl der Nennungen auf die Frage "Was verbinden Sie mit dem Euro?"

Gleichzeitig fällt auch auf, dass bei der gleichen Anzahl an Befragten der Euro als stabile Währung angesehen wie mit Inflation verbunden wird. Daher kann nach Auswertung dieser Frage erst einmal nicht bestätigt werden, dass die Verbraucher den Euro in besonders starken Maß mit Inflation verbinden.

Beachtenswert ist aber auch, dass das am häufigsten genannte negative Ereignis, welches mit dem Euro verbunden wird, die Banken- und Finanzkrise ist, obwohl diese in den Vereinigten Staaten ausgelöst wurde und somit deren Ausbruch vollkommen unabhängig von der Einführung und Entwicklung des Euros war. Dies zeigt aber auch, dass das Wissen der Verbraucher über den Euro zum Teil wenig ausgeprägt ist und dieser durchaus zum Sündenbock jeglicher negativer Entwicklungen, welche in Zusammenhang mit Wohlfahrt oder Geld stehen, gemacht werden kann. Interessant ist auch, dass einer der wichtigsten Vorteile der Gemeinschaftswährung für die deutsche Volkswirtschaft, nämlich der Wegfall der Wechselkursrisiken und die Vereinfachung von Exporten deutscher Firmen auf den europäischen Binnenmarkt, von deutschen Verbrauchern nur in geringem Ausmaß wahrgenommen wird.

Die zweite Frage „Wann steigen die Preise in Deutschland“ zielte darauf ab, das Verständnis und Wissen der Verbraucher zum Thema Inflation zu untersuchen. Hierbei wurde einerseits eine vereinfachte Version der volkswirtschaftlichen Definition als Antwort angeboten und darüber hinaus fiskalpolitische Maßnahmen wie „Realisierung teurer politischer Projekte“ oder negative volkswirtschaftliche Ereignisse wie z.B. die „Banken- und Finanzkrise“, welche zwar Preiserhöhungen und Inflation nach sich ziehen können, aber zwischen denen dennoch kein zwingend kausaler Zusammenhang besteht. Abbildung 4-4 zeigt die Ergebnisse der zweiten Frage in der Reihenfolge der häufigsten Nennungen.

Abbildung 4-4: Anzahl der Nennungen auf die Frage "Wann steigen die Preise in Deutschland?"

Auffällig ist bei der Auswertung dieser Frage, dass die Banken- und Finanzkrise mit Abstand als häufigster Grund für Preissteigerungen in Deutschland genannt wurde. In der Tat erreichten die Inflationsraten in Deutschland zwischen September 2007 und September 2008 mit durchschnittlich 3% die höchsten Werte seit der Einführung des Euro, was mit großer Wahrscheinlichkeit vom Verbraucher bemerkt und miteinander in Zusammenhang gebracht wurde. Die eigentliche volkswirtschaftliche Definition für Inflation wurde als zweithäufigste Antwort von einem guten Drittel der Verbraucher genannt. Auch teure politische Projekte, Aufnahme armer Länder in die Eurozone und Ausweitung des EFSF-Rettungsschirmes wurden in der Umfrage von 26% bzw. 21% der Verbraucher als Grund für Preiserhöhungen genannt. Dies zeigt, dass Verbraucher Preiserhöhungen bei größeren wirtschaftlichen Umbrüchen oder fiskalpolitischen Maßnahmen befürchten, obwohl diese in der Realität oft keinen nachweislichen Einfluss auf die Inflation haben. Dieses Ergebnis offeriert, dass, wenn auch durchaus theoretische Kenntnisse über volkswirtschaftliche Zusammenhänge bei einer gewissen Anzahl an Verbrauchern vorhanden ist, deren Mehrheit Preiserhöhungen eher dann erwartet und wahrscheinlich auch wahrnimmt, wenn größere wirtschaftliche Veränderungen passieren, denen sie kritisch oder sogar ängstlich gegenüberstehen.

Die dritte Frage „Welche Güter haben auf Grund des Euros besonders starke Preissteigerungen erfahren“ soll untersuchen, ob die Verbraucher den Euro nur bei bestimmten Güterarten für Teuerungen verantwortlich machen oder ob dies für die Mehrzahl an Gütern und Dienstleistungen gilt. Gleichzeitig soll geprüft werden, ob die Verbraucher auch bei solchen Gütern euroinduzierte Teuerungen wahrnehmen, die entweder günstiger geworden sind oder deren Teuerung nachweislich nicht auf den Euro zurückzuführen ist. Abbildung 4-5 zeigt die Ergebnisse der dritten Frage in der Reihenfolge der häufigsten Nennungen.

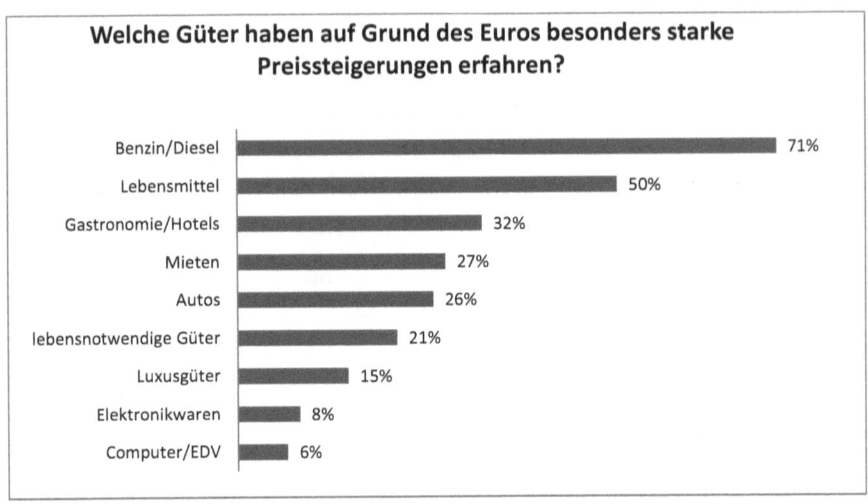

Abbildung 4-5: Anzahl der Nennungen auf die Frage "Welche Güter haben auf Grund des Euros besonders starke Preissteigerungen erfahren?"

Bei der Betrachtung der Ergebnisse verwundert am meisten, dass von einer überwältigenden Mehrheit der Verbraucher mit Abstand Benzin und Diesel als das Gut angeführt wurde, welches auf Grund des Euros besonders starke Preiserhöhungen erfahren hat. Denn obwohl seit der Einführung der Gemeinschaftswährung der Ölpreis im Vergleich mit den vorherigen Jahren und Jahrzehnten besonders stark gestiegen ist, so ist dies doch ein Phänomen, welches nichts mit dem Euro zu tun hat und gleichermaßen in Ländern beobachtet werden kann, welche nicht zur Eurozone gehören. Die nächsthäufigst genannte Güterart Lebensmittel hat zwar, wie im Kapitel 3 beschrieben, im Vergleich mit anderen Güterarten hohen Inflationsraten unterlegen, jedoch kann auch dieses Phänomen nicht nur in der Eurozone beobachtet werden. Daher kann auch dort nicht von einer euroinduzierten Preiserhöhung gesprochen werden. Die ebenfalls sehr häufig genannte Güterart Gastronomie hat zwar im Rahmen der Eurobargeldeinführung kurzfristig besonders starken Preiserhöhungen unterlegen (siehe Abschnitt 2.3), jedoch haben die Inflationsraten dieses Teilindex schon kurze

Zeit danach wieder moderate Werte angenommen. Der Zusammenhang zwischen Eurobargeldeinführung und Erhöhung der Preise in der Gastronomie scheint aber dennoch nicht mehr aus den Köpfen zumindest eines nennenswerten Teils der Verbraucher herauszukriegen sein.

Durch den Euro verursachte Teuerungen der Güter Elektronikwaren und Computer/EDV hat ein Großteil der Befragten im Rahmen der Umfrage richtig eingeschätzt und deswegen nicht genannt. Interessant war bei der Auswertung dieser Frage auch, dass kein Befragter, welcher bei der Frage 1 mit dem Euro Inflation verbunden hat, mehr als zwei Güter oder Dienstleistungen genannt hat, welche sich auf Grund des Euros besonders stark verteuert haben. Dies verwundert besonders deswegen, da ein Zusammenhang zwischen Inflation und Euro bei rationalen Verbrauchern nur dann bestehen sollte, wenn diese bei allen oder zumindest einem Großteil der Güter eurobedingte Teuerungen wahrgenommen hätten. Insgesamt zeigt sich auch hier, besonders bei der Einschätzung der euroinduzieren Teuerungen für Benzin und Diesel, dass Meinung und Wahrnehmung der Verbraucher vollkommen jenseits der wirklichen Zusammenhänge liegen können.

Die vierte Frage „Fühlen Sie sich ausreichend über den Euro informiert“ sollte untersuchen, wie die Verbraucher selber ihr Wissen über die Gemeinschaftswährung einschätzen. Um zu vermeiden, dass Befragte wider besseren Wissens behaupten, gut über den Euro informiert zu sein, um nicht als ungebildet zu gelten, werden hier mehrere Antwortmöglichkeiten für die Tatsache wenig Wissen über den Euro zu haben angeboten. Entscheidend bei der Auswertung war aber lediglich, ob die Befragten entweder „ja“ oder eine der drei übrigen Antworten gewählt haben. Diese übrigen Antworten besagen allesamt, dass das Wissen bei der Testperson nicht vorhanden ist. Abbildung

4-6 zeigt die prozentuale Verteilung der verschiedenen Antwortmöglichkeiten zur Frage 4.

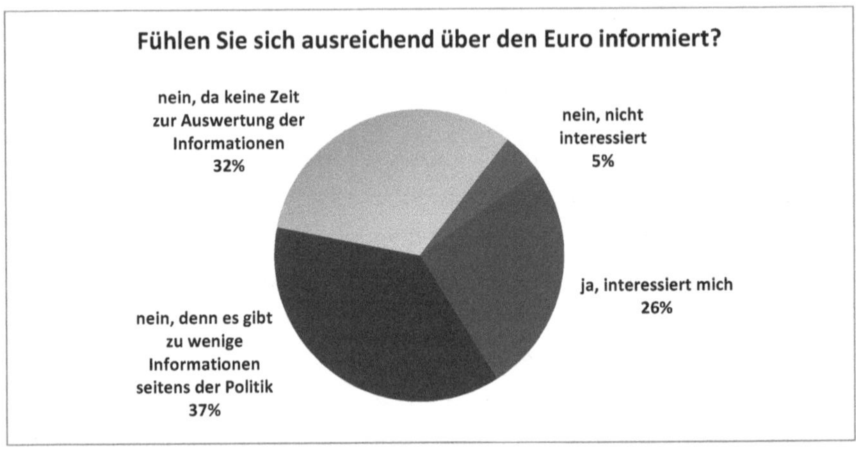

Abbildung 4-6: Prozentuale Verteilung der Antworten auf die Frage "Fühlen Sie sich ausreichend über den Euro informiert?"

Das Ergebnis zeigt, dass lediglich 26% der Befragten meinen, ausreichend über den Euro informiert und an diesem Thema interessiert zu sein. Betrachtet man allerdings diese 26% genauer, so fällt auf, dass eine Mehrheit dieser Personen bei anderen Fragen Antworten gewählt hat, welche eher auf ein begrenztes Wissen bzgl. des Euros in Zusammenhang mit Inflation hinweisen. Daher kann davon ausgegangen werden, dass der Anteil der Personen mit wirklichem Sachverstand zu diesem Thema noch deutlich niedriger liegen muss. Allerdings ist im Zusammenhang mit der Wahrnehmung gefühlter Inflation auch der Prozentsatz der Personen, welche lediglich glauben, gut über den Euro informiert zu sein, interessant.

Denn diese Gruppe betrachtet wahrscheinlich die Entwicklungen in der Eurozone besonders kritisch, da sie ja davon überzeugt ist, in dieser Thematik selber über einen besonderen fundierten Sachverstand zu verfügen. Das mangelnde und wenig verbreitete Wissen über den

Euro kann aber wiederum leicht zu Fehlinterpretationen in dieser Thematik führen und damit einen wesentlichen Einfluss auf die Wahrnehmung gefühlter Inflation haben.

Die letzte und fünfte Frage untersucht, inwieweit Verbraucher davon überzeugt sind, dass bei Fragen zum Euro in Zukunft die Bürger durch Volksentscheide mehr einbezogen werden sollen. Hintergrund dieser Frage ist, dass die Verbraucher alleine deswegen zum Euro eine negative Einstellung entwickeln könnten, weil sie sich bei Entscheidungen zu diesem nicht ausreichend berücksichtigt und ernst genommen fühlen, unabhängig davon, welche Entscheidungen getroffen werden. Diese negative Einstellung bzw. Unzufriedenheit würde gemäß der Ergebnisse von Del Giovane und Sabbatini aber wiederum zu einer erhöhten Inflationswahrnehmung führen. Abbildung 4-7 zeigt die prozentuale Verteilung der verschiedenen Antwortmöglichkeiten zu dieser Frage.

Abbildung 4-7: Prozentuale Verteilung der Antworten auf die Frage "Würde sich Ihre Einstellung zum Euro bei der Durchführung von Volksentscheiden zu diesem Thema verbessern?"

Das Ergebnis zeigt, dass tendenziell die Hälfte der Befragten überzeugt ist, dass sich ihre Einstellung zum Euro definitiv oder wahrscheinlich verbessern würde, wenn in Zukunft Volksentscheide in Deutschland über dessen Zukunft bestimmen. Wenn damit aber auch die zweite Hälfte diese Meinung nicht teilt, so ist dies ein nicht zu vernachlässigender Anteil der Verbraucher.
Bedenkt man gleichzeitig, dass sich die Einstellung zum Euro der anderen Hälfte bei der Durchführung von Volksentscheiden nicht zwangsweise verschlechtern würde, so scheinen Volksentscheide als ernsthaft zu betrachtende Möglichkeit, die Verbraucher dem Euro gegenüber positiver zu stimmen. Damit könnte langfristig auch das Phänomen gefühlter Inflation eingedämmt werden.

Zusammenfassend wird in diesem Abschnitt beschrieben, dass die befragten Personen repräsentativ für deutsche Verbraucher eher positive Ereignisse mit dem Euro verbinden, dennoch aber wirtschaftliche Entwicklungen wie die Banken- und Finanzkrise mit diesem assoziieren, obwohl dazwischen kein kausaler Zusammenhang besteht. Gleichzeitig weicht das Verständnis der Mehrheit der Verbraucher von der volkswirtschaftlichen Definition von Inflation ab und diese erwarten bzw. fühlen Preiserhöhungen als Folge unterschiedlicher wirtschaftlicher Ereignisse und fiskalpolitischer Maßnahmen. Dies ist oft auch dann der Fall, wenn diese Ereignisse nicht zwangsweise und in vielen Fällen sogar definitiv nicht zu Teuerungen führen bzw. in der Vergangenheit geführt haben.

Außerdem machen viele Verbraucher den Euro für Teuerungen von Produkten wie z.B. Benzin und Diesel verantwortlich, obwohl die Gemeinschaftswährung keine Auswirkungen auf die Preisentwicklung jener Güter hatte. Des Weiteren glaubt eine überwältigende Mehrheit der Verbraucher wenig über den Euro zu wissen. Gleichzeitig ist bei der Minderheit, welche von ihrem Wissen über den Euro überzeugt ist, dieses zum Teil gar nicht oder nur in geringem Umfang vorhanden. Zu guter Letzt ist zumindest die Hälfte der Verbraucher überzeugt, dass sich ihre Einstellung zum Euro bei der Durchführung von Volksentscheiden verbessern würde. Wird ein direkter Zusammenhang zwischen negativer Einstellung zum bzw. Unzufriedenheit mit dem Euro und Wahrnehmung gefühlter Inflation unterstellt, wäre dies eine zu betrachtende Maßnahme für die Eindämmung des Phänomens gefühlter Inflation.

4.3 Möglichkeiten zur Reduzierung des Phänomens gefühlter Inflation

In den beiden vorangehenden Abschnitten wurden psychologische Aspekte sowie die Einstellung und das Wissen der Verbraucher zum Euro und zur Inflation untersucht. In diesem Abschnitt werden nun aufbauend auf diesen Erkenntnissen Möglichkeiten aufgezeigt, wie das Phänomen gefühlter Inflation in Zukunft eingedämmt werden kann.

Eine der wesentlichen Erkenntnisse aus den Ergebnissen der Umfrage war, dass die meisten Verbraucher wenig Wissen über den Euro und Inflation haben, unabhängig davon, welche Gründe dafür anzuführen sind. Dies führt zu eindeutigen Fehleinschätzungen bei Fragestellungen zu diesen Themen und der Tatsache, dass die Gemeinschaftswährung oft als Verursacher negativer wirtschaftlicher Entwicklungen angesehen wird.

Dies ist auch dann der Fall, wenn eigentlich leicht nachgewiesen werden kann, dass dazwischen kein kausaler Zusammenhang besteht. Bei fehlender Identifikation bzw. sogar eindeutiger Ablehnung der Bürger gegenüber ihrer Währung muss aber langfristig befürchtet werden, dass diese versuchen werden, wieder ihre nationalen Währungen einzuführen. Deshalb ist es im Interesse aller Regierungen der Eurozone, ihre Bürger besser und umfangreicher über den Euro und Ursachen und Auswirkungen von Inflation zu informieren.

In Deutschland hat das Statistische Bundesamt diesbezüglich bereits einige Schritte unternommen und u.a. im Rahmen seiner Internetpräsenz den so genannten Preismonitor und persönlichen Inflationsrechner eingeführt. Mit Hilfe derer können Verbraucher Preisentwicklungen in Deutschland genau analysieren bzw. die Inflation ihres persönlichen Warenkorbs nachvollziehen. Jedoch kann davon ausgegangen werden, dass nur ein geringer Anteil der Verbraucher Gebrauch von dieser Möglichkeit macht, geschweige denn überhaupt von deren Existenz weiß. In diesem Zusammenhang scheinen die staatlichen Maßnahmen zur Aufklärung der Bürger unzureichend. Gründe dafür können lediglich vermutet werden. Wahrscheinlich waren die Politiker der Staaten der Eurozone zu Beginn so sehr vom Erfolg und den offensichtlichen Vorteilen der Gemeinschaftswährung überzeugt, dass sie fest davon ausgingen, die Verbraucher könnten jene unmittelbar und gleichermaßen nachvollziehen.

Da dies aber auch noch zehn Jahre nach der Einführung des Euros nicht der Fall ist, dieser bedingt durch die Krisen in einigen Staaten der Eurozone wieder deutlich in der Kritik steht und die wahrgenommene Inflation sowohl nach den Ergebnissen des Consumer Survey als auch des IWI wieder deutlich über dem VPI und HVPI liegt, scheinen weiterführende staatliche Maßnahmen zur Information der Bürger sinnvoll. Ein erster Schritt könnte hierbei sein, volkswirtschaftliche Themen über den Euro und Inflation zur Pflicht in den Lehrplänen aller Länder und Schulformen der Eurozone zu machen, was zurzeit nicht der Fall ist. Damit könnte man nicht nur das Wissen in der heranwachsenden Generation verbessern, sondern auch darauf hoffen, dass Eltern, welche ihre Kinder beim Lernen unterstützen, sich in stärkerem Maß mit der Thematik auseinandersetzen und dabei deren Wahrnehmung gefühlter Inflation nachlässt. Denn die Studie von Greitemeyer und Traut-Mattausch[40] konnte nachweisen, dass Testpersonen, welche sich mit der eurobedingten Preisänderung beschäftigen, dabei verschiedene Perspektiven betrachten und sich auch Gründe überlegen mussten, warum die Preise nicht gestiegen sind, sehr genaue Preisschätzungen durchführen konnten. Im Gegensatz dazu haben Testpersonen, welche sich nicht mit der Thematik beschäftigt haben bzw. sich ausschließlich Gründe für die eurobedingte Preissteigerung überlegen sollten, die Preisänderung in Euro deutlich überschätzt.

Neben dem fehlenden Wissen der meisten Verbraucher zum Zusammenhang zwischen Euro und Inflation besteht ein weiteres Problem der Gemeinschaftswährung darin, dass deren Einführung in fast allen Ländern der Eurozone zwar durch die Parlamente entschieden, aber die Bürger außer im Rahmen der regulären Parlamentswahlen nicht an diesen Entscheidungen beteiligt wurden. Dies geschah, obwohl oder vielleicht sogar weil eine Mehrheit der Bürger in fast allen Ländern der Eurozone der Euroeinführung ablehnend oder zumindest sehr kritisch gegenüber stand. Dieser Sachverhalt in Verbindung mit der eurobedingten, gefühlten Inflation birgt aber langfristig ein großes Konfliktpotenzial, das die Bürger zu Tumulten und Demonstrationen auf die Straße treiben kann.

In der Vergangenheit haben die jüngsten Entwicklungen in Griechenland oder der Bau des unterirdischen Bahnhofs in Stuttgart gezeigt, zu welchen Handlungen aufgebrachte Bürger fähig sein können, wenn sie Maßnahmen der Politik nicht zustimmen und davon überzeugt sind, dass die Politik gegen den Willen des Volkes und zu dessen

[40] Greitemeyer, T./Traut-Mattausch, E./Frey, D., Psychologische Konsequenzen der Euro-Einführung.

Nachteil entschieden hat. In diesem Zusammenhang wäre es wünschenswert, wenn gerade bei den Euro betreffenden Entscheidungen, welche die Bürger sehr kritisch betrachten, die Mitgliedsstaaten in Zukunft ihre Bürger mit Volksentscheiden stärker an der Politik beteiligen würden. Dies birgt zwar die Gefahr, dass vielversprechende Chancen und Möglichkeiten durch die Mehrheit der Bürger nicht erkannt und somit verpasst werden, allerdings wären diese dadurch auch gezwungen, sich mit der Thematik auseinanderzusetzen und die Entscheidungen könnten als durch das Volk legitimiert betrachtet werden. Auch wenn der Volksentscheid mit Sicherheit kein Allheilmittel ist und es oft scheint, dass die Bürger bei wichtigen und zukunftweisenden Entscheidungen vor sich selbst geschützt werden müssen, könnte diese Maßnahme bei Anwendung in überschaubarem Umfang zu einer größeren Identifikation der Bürger mit dem Euro sowie zu einem stärkeren Auseinandersetzen mit der Thematik und letztendlich zum Nachlassen des Effekts gefühlter Inflation führen. Denn gemäß Eugen Roths „Mensch, der sich ein Schnitzel briet" ist zu vermuten, dass die Bürger eher bereit sind, Fehlentscheidungen hinzunehmen, wenn sie diese selber herbeigeführt haben. Die aktuellen Entwicklungen in der Eurozone weisen allerdings in die gegenteilige Richtung, da die Regierungen nicht nur ihre Bürger nicht an wichtigen Entscheidungen beteiligen, sondern zum Abwenden der Krise auch ehemalige eigene Abmachungen, wie z.B. die §§ 104 und 107 des Euro-Vertrags, versuchen zu umgehen bzw. sogar offensichtlich brechen. Langfristig besteht hier die nicht zu unterschätzende Gefahr, dass die Bürger sich noch weiter von der Gemeinschaftswährung entfremden werden.

Eine weitere Möglichkeit die gefühlte Inflation einzudämmen besteht darin, mit politischen Maßnahmen der Teuerung kaufhäufiger Güter, insbesondere von Lebensmitteln des täglichen Bedarfs, entgegenzuwirken. Denn wie die Studien von Fluch und Stix (vgl. Abschnitt 3.2.3), wie auch die eigene Umfrage und der IWI von Brachinger zeigen, unterliegen diese Güter vergleichsweise hohen Teuerungsraten, beeinflussen aber gleichzeitig die Wahrnehmung der Verbraucher besonders stark. Auch wenn ein staatlicher Eingriff in den Markt und die Preisbildung mit Sicherheit nur in Ausnahmefällen geschehen sollte und auch Risiken wie Abwanderung von Unternehmen ins Ausland zu Gunsten günstigerer Produktionsstandorte mit sich führen kann, so muss diese Entwicklung im Sinne der sozialen Gerechtigkeit besonders kritisch betrachtet werden, denn die Teuerung der kaufhäufigen Güter trifft in besonders starkem Maße die einkommensschwachen Haushalte.

Abschließend kann an dieser Stelle festgehalten werden, dass zur Eindämmung der Wahrnehmung gefühlter Inflation vor allen Dingen staatliche Maßnahmen wie Bildungsangebote an Schulen, Volksentscheide oder Eingriffe bei starken Verteuerungen kaufhäufiger Güter erforderlich sind und dass diese in der Vergangenheit und Gegenwart nicht oder noch nicht hinreichend genutzt wurden und werden. Ein Anhalten dieses Zustands birgt aber die nicht geringe Gefahr, dass die Unzufriedenheit der Verbraucher mit dem Euro weiter zunimmt und dies langfristig in manchen oder sogar allen Ländern der Eurozone zu größeren Demonstrationen und Unruhen gegenüber allen den Euro betreffenden Entscheidungen und Maßnahmen führen wird.

5. Zusammenfassung

In der vorliegenden Studie wurde der Effekt wahrgenommener Inflation in der Eurozone seit der Eurobargeldeinführung analysiert. Dabei wurde festgestellt, dass die Geldwertstabilität in der Eurozone bei Messung mit Hilfe des HVPI seit dem Jahr 2002 stabiler ist als im vergleichbaren Zeitraum vor 2002. Denn auch wenn die Preise bestimmter Dienstleistungen, wie z.B. in der Gastronomie, im Rahmen der Eurobargeldeinführung besonders stark gestiegen sind, gestaltete sich die Preissteigerung des repräsentativen Warenkorbs eher moderat. Dennoch nehmen die Verbraucher seit der Eurobargeldeinführung eine gegenüber dem HVPI teilweise deutlich höhere Inflation wahr.

In diesem Zusammenhang wurde auch beschrieben, dass sich die Messung der wahrgenommenen Inflation problematisch gestaltet, da dies mit Hilfe des Consumer Surveys geschieht, der den Saldo aus Antworten der Verbraucher zur Inflationswahrnehmung darstellt und damit auf einer anderen Skala gemessen wird als der VPI und HVPI. Dementsprechend ist es schwierig, die Entwicklung dieser unterschiedlichen Indizes miteinander zu vergleichen. Gleichzeitig kann mit Hilfe des Consumer Surveys lediglich ein qualitativer Verlauf der Inflationswahrnehmung dargestellt werden, während es nicht bzw. nur mit Hilfe nicht realistischen Annahmen möglich ist, aus diesem qualitativen Verlauf auch quantitative Schlüsse zu ziehen. Um die quantitative Entwicklung der wahrgenommenen Inflation erfassen und mit der Entwicklung von VPI und HVPI vergleichbar machen zu können, hat Professor Brachinger den Index für wahrgenommene Inflation entwickelt. Dieser berücksichtigt, dass Verbraucher Preissteigerungen stärker wahrnehmen als Preisreduzierungen. Außerdem unterliegt die Berechnung des IWI demselben Schema wie die des VPI mit dem Unterschied, dass anstelle der Wertanteile der Güter am Warenkorb deren

Kaufhäufigkeiten genutzt werden. Damit gelingt es, einen Index zu entwickeln, der mit dem VPI und HVPI auf einer Skala dargestellt und verglichen werden kann.

Dennoch fällt beim Vergleich des qualitativen Verlaufs des IWI und der Ergebnisse aus dem Consumer Survey auf, dass der IWI nicht genau die Wahrnehmung der Verbraucher widerspiegelt. Dies liegt darin begründet, dass der IWI sich an realen Preisentwicklungen realer Güter orientiert und außer der unterstellten Verlustaversion der Verbraucher keine weiteren Faktoren berücksichtigt, welche unabhängig von der realen Preisentwicklung die Verbraucher beeinflussen.

Gründe, welche eine erhöhte Wahrnehmung der Inflation auslösen, können einerseits von außen auf die Verbraucher einwirken wie z.B. die Entwicklung des Reallohns, eindeutige Berichterstattung in den Medien oder die Umstellung auf attraktive Europreise. Andererseits können diese Gründe in der Art und Weise liegen, wie die Verbraucher ihre persönliche Inflation messen z.B. bei Nutzung eines subjektiven Warenkorbs oder weiter zurückliegenden Referenzpreises. Zu guter Letzt müssen aber nicht nur auf die Verbraucher wirkende Faktoren verbunden mit der Annahme, dass diese rational handeln, sondern v.a. auch deren Psychologie analysiert werden.

Im Rahmen dieser Analyse konnte ein eindeutiger Zusammenhang zwischen der Unzufriedenheit mit dem Euro und der wahrgenommenen Inflation festgestellt werden, wobei diese Unzufriedenheit mitnichten nachweisbare Gründe haben muss, sondern lediglich auf Ängsten oder Trauer um den Verlust der Währung als nationales Symbol basieren kann. Gleichzeitig konnte gezeigt werden, dass Personen welche Preiserhöhungen erwarten, diese auch dann wahrnehmen, wenn die Preise gleich geblieben sind und zwar umso stärker, desto stärkere Preiserhöhungen sie erwarten. Im Rahmen der durchgeführten

Studie konnte darüber hinaus festgestellt werden, dass das Wissen der Verbraucher über den Euro und Inflation durchaus gering ist und der Euro auch mit negativen wirtschaftlichen Entwicklungen in Verbindung gebracht wird, welche dieser nachweislich nicht verschuldet hat. Als Beispiele wurden in diesem Zusammenhang die Entwicklung des Ölpreises sowie die Banken- und Finanzkrise angeführt. Dies zeigt, dass Verbraucher bei der Wahrnehmung gefühlter Inflation in Zusammenhang mit dem Euro teilweise vollkommen realitätsferne Einschätzungen treffen.

Auch wenn die gefühlte Inflation lediglich in den Köpfen der Verbraucher existiert, kann sie durchaus das Konsumverhalten und reale volkswirtschliche Entwicklungen beeinflussen, so dass die Regierungen der Eurozone durchaus versuchen müssen, dieser entgegenzuwirken. Allerdings können diesbezüglich die gegenwärtigen Maßnahmen als eher dürftig bezeichnet werden. Möglichkeiten hierfür wären eine umfangreiche Information und Bildung der Bürger beginnend in den Schulen, die Durchführung von Volksentscheiden bei Fragestellungen zum Euro sowie staatliche Eingriffe, wenn die Teuerungen kaufhäufiger Güter besonders hohe Ausmaße annehmen. Sollten solche Maßnahmen in Zukunft nicht ergriffen werden, scheint eine weitere Entfremdung der Verbraucher der Eurozone gegenüber ihrer Währung als nicht unwahrscheinlich. Langfristig besteht sogar die Gefahr, dass Revolten gegen die Gemeinschaftswährung entstehen, wie dies in Griechenland in den Jahren 2010 und 2011 bereits geschehen ist.

Daher sollte die Politik nicht nur auf reale wirtschaftliche Entwicklungen achten, sondern auch dann Verbraucherwahrnehmungen, wie die zur Inflation, ernst nehmen, wenn diese nicht der Realität entsprechen. Zu deren Messung scheint eine Verbindung des Consumer Surveys mit dem IWI von Brachinger als besonders geeignet, da dann sowohl reale Preisentwicklungen wie auch psychologische Einflüsse der Verbraucher in einem quantitativ und qualitativ aussagekräftigen Ausmaß berücksichtigt werden können.

Anhang

Abbildung A 1: Wägungsschema Verbraucherindex

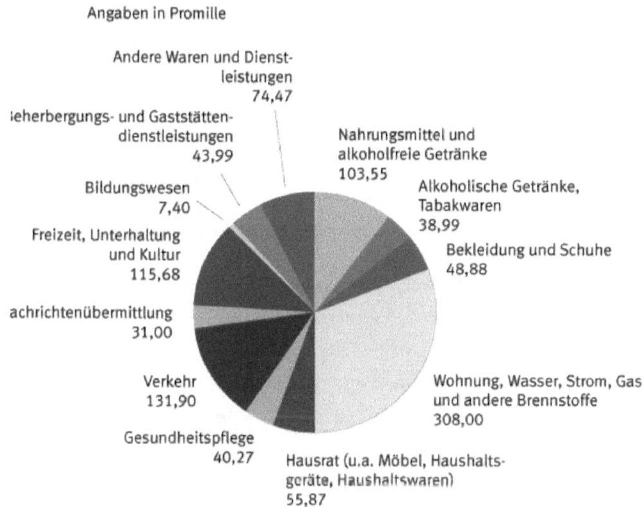

Quelle: Statistisches Bundesamt

Abbildung A 2: Verlauf des HVPI (HCPI) und wahrgenommener Inflation in EU-Ländern, welche nicht der Eurozone angehören

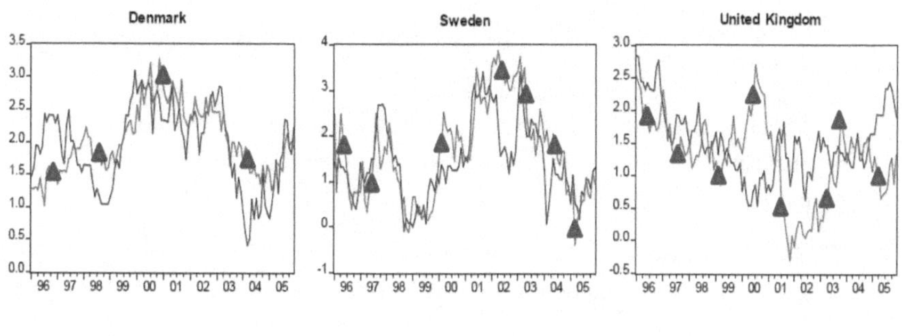

Quelle: Aucremanne, Collin, Stragier, Assessing the gap between observed and perceived inflation in the euro area

Abbildung A 3: Fragebogen zur Einstellung deutscher Verbraucher zum Euro

Umfrage

1. Was verbinden Sie mit dem Euro (mehre Antworten möglich)?

- ☐ Europäische Integration/Stärkung Europas
- ☐ Inflation
- ☐ sinkender Wohlstand
- ☐ Wegfall des Geldumtausches in Europa
- ☐ EFSF-Rettungsschirm
- ☐ stabile Währung
- ☐ Begünstigung deutscher Exporte
- ☐ Banken- und Finanzkrise

2. Wann steigen die Preise in Deutschland (mehrere Antworten möglich)?

- ☐ wenn die Geldmenge stärker als die angebotene Gütermenge steigt
- ☐ als Folge der Realisierung teurer politischer Projekte
- ☐ als Folge der Ausweitung des EFSF-Rettungsschirms
- ☐ als Folge der Aufnahme armer Länder in die Eurozone
- ☐ als Folge der Ausweitung des Militäreinsatzes in Afghanistan
- ☐ als Folge einer Banken- und Finanzkrise
- ☐ als Folge von Lohnkürzungen

3. Bei welchen Leistungen/Gütern hat sich die Einführung des Euro besonders stark auf deren Preiserhöhung ausgewirkt (mehrere Antworten möglich)?

- ☐ Benzin/Diesel
- ☐ Mieten
- ☐ Autos
- ☐ Lebensmittel
- ☐ Elektronikwaren
- ☐ Luxusgüter
- ☐ Computer/EDV
- ☐ Gastronomie/Hotels
- ☐ lebensnotwendige Güter

4. Fühlen Sie sich ausreichend über den Euro informiert?

- ☐ ja, denn das Thema interessiert mich sehr
- ☐ das Thema interessiert mich, aber die Politik tut zu wenig für die Information der Bürger
- ☐ die Informationen sind zwar da, aber ich habe keine Zeit diese auszuwerten
- ☐ nein, das Thema interessiert mich nicht

5. Würde sich ihre Einstellung zum Euro verbessern, wenn in Deutschland zukünftig Volksentscheide über dessen Zukunft bestimmen?

- ☐ ja
- ☐ nein
- ☐ ich halte dies für wahrscheinlich
- ☐ ich halte dies für unwahrscheinlich

Quelle: Eigene Recherche

Tabelle 1: Entwicklung des VPI in Deutschland von 1992 - 2005

Monat, Jahr	VPI	Monat, Jahr	VPI	Monat, Jahr	VPI	Monat, Jahr	VPI
Jan. 92	78,4	Mai. 95	87	Sep. 98	90,9	Jan. 02	95,4
Feb. 92	78,9	Jun. 95	87,1	Okt. 98	90,8	Feb. 02	95,7
Mrz. 92	79,2	Jul. 95	87,3	Nov. 98	90,8	Mrz. 02	95,9
Apr. 92	79,5	Aug. 95	87,3	Dez. 98	90,9	Apr. 02	95,8
Mai. 92	79,7	Sep. 95	87,3	Jan. 99	90,7	Mai. 02	95,9
Jun. 92	79,9	Okt. 95	87,1	Feb. 99	90,9	Jun. 02	95,9
Jul. 92	80,2	Nov. 95	87,1	Mrz. 99	90,9	Jul. 02	96,1
Aug. 92	80,2	Dez. 95	87,4	Apr. 99	91,3	Aug. 02	95,9
Sep. 92	80,1	Jan. 96	87,6	Mai. 99	91,3	Sep. 02	95,9
Okt. 92	80,2	Feb. 96	88,1	Jun. 99	91,4	Okt. 02	95,8
Nov. 92	80,5	Mrz. 96	88,2	Jul. 99	91,8	Nov. 02	95,5
Dez. 92	80,6	Apr. 96	88,2	Aug. 99	91,7	Dez. 02	96,4
Jan. 93	82	Mai. 96	88,3	Sep. 99	91,5	Jan. 03	96,4
Feb. 93	82,6	Jun. 96	88,4	Okt. 99	91,4	Feb. 03	96,9
Mrz. 93	82,8	Jul. 96	88,5	Nov. 99	91,6	Mrz. 03	97
Apr. 93	83,1	Aug. 96	88,5	Dez. 99	91,9	Apr. 03	96,7
Mai. 93	83,2	Sep. 96	88,5	Jan. 00	92,1	Mai. 03	96,5
Jun. 93	83,4	Okt. 96	88,5	Feb. 00	92,3	Jun. 03	96,8
Jul. 93	83,8	Nov. 96	88,4	Mrz. 00	92,3	Jul. 03	97
Aug. 93	83,8	Dez. 96	88,7	Apr. 00	92,3	Aug. 03	97
Sep. 93	83,7	Jan. 97	89,4	Mai. 00	92,2	Sep. 03	96,9
Okt. 93	83,7	Feb. 97	89,6	Jun. 00	92,6	Okt. 03	96,9
Nov. 93	83,8	Mrz. 97	89,6	Jul. 00	93	Nov. 03	96,7
Dez. 93	84	Apr. 97	89,4	Aug. 00	92,8	Dez. 03	97,4
Jan. 94	84,5	Mai. 97	89,7	Sep. 00	93	Jan. 04	97,5
Feb. 94	85,1	Jun. 97	89,8	Okt. 00	92,9	Feb. 04	97,7
Mrz. 94	85,2	Jul. 97	90,5	Nov. 00	93	Mrz. 04	98
Apr. 94	85,3	Aug. 97	90,6	Dez. 00	93,8	Apr. 04	98,3
Mai. 94	85,6	Sep. 97	90,4	Jan. 01	93,4	Mai. 04	98,5
Jun. 94	85,7	Okt. 97	90,3	Feb. 01	94	Jun. 04	98,5
Jul. 94	85,9	Nov. 97	90,3	Mrz. 01	94	Jul. 04	98,7
Aug. 94	86,1	Dez. 97	90,5	Apr. 01	94,4	Aug. 04	98,9
Sep. 94	85,9	Jan. 98	90,5	Mai. 01	94,7	Sep. 04	98,6
Okt. 94	85,8	Feb. 98	90,7	Jun. 01	94,9	Okt. 04	98,8
Nov. 94	85,9	Mrz. 98	90,6	Jul. 01	95	Nov. 04	98,5
Dez. 94	86,1	Apr. 98	90,7	Aug. 01	94,8	Dez. 04	99,6
Jan. 95	86,4	Mai. 98	90,9	Sep. 01	94,8	Jan. 05	98,9
Feb. 95	86,9	Jun. 98	91	Okt. 01	94,6	Feb. 05	99,3
Mrz. 95	86,9	Jul. 98	91,3	Nov. 01	94,4	Mrz. 05	99,8
Apr. 95	87	Aug. 98	91,1	Dez. 01	95,3	Apr. 05	99,5

Quelle: Statistisches Bundesamt

Tabelle 2: Entwicklung des VPI in Deutschland von 2005-2011 (2005=100%)

Monat, Jahr	VPI	Monat, Jahr	VPI
Mai. 05	99,7	Jul. 08	107,6
Jun. 05	99,8	Aug. 08	107,3
Jul. 05	100,3	Sep. 08	107,2
Aug. 05	100,4	Okt. 08	107
Sep. 05	100,5	Nov. 08	106,5
Okt. 05	100,6	Dez. 08	106,8
Nov. 05	100,2	Jan. 09	106,3
Dez. 05	101	Feb. 09	106,9
Jan. 06	100,7	Mrz. 09	106,8
Feb. 06	101,1	Apr. 09	106,8
Mrz. 06	101,1	Mai. 09	106,7
Apr. 06	101,5	Jun. 09	107,1
Mai. 06	101,5	Jul. 09	107,1
Jun. 06	101,7	Aug. 09	107,3
Jul. 06	102,1	Sep. 09	106,9
Aug. 06	101,9	Okt. 09	107
Sep. 06	101,5	Nov. 09	106,9
Okt. 06	101,7	Dez. 09	107,8
Nov. 06	101,7	Jan. 10	107,1
Dez. 06	102,4	Feb. 10	107,5
Jan. 07	102,4	Mrz. 10	108
Feb. 07	102,9	Apr. 10	107,9
Mrz. 07	103,1	Mai. 10	108
Apr. 07	103,6	Jun. 10	108,1
Mai. 07	103,6	Jul. 10	108,4
Jun. 07	103,6	Aug. 10	108,4
Jul. 07	104,2	Sep. 10	108,3
Aug. 07	104,1	Okt. 10	108,4
Sep. 07	104,2	Nov. 10	108,5
Okt. 07	104,5	Dez. 10	109,6
Nov. 07	105	Jan. 11	109,2
Dez. 07	105,6	Feb. 11	109,8
Jan. 08	105,3	Mrz. 11	110,3
Feb. 08	105,8	Apr. 11	110,5
Mrz. 08	106,3	Mai. 11	110,5
Apr. 08	106,1	Jun. 11	110,6
Mai. 08	106,7	Jul. 11	111
Jun. 08	107	Aug. 11	111

Quelle: Statistisches Bundesamt

Tabelle 3: Entwicklung des HVPI in ausgewählten Ländern der Eurozone von 1996 – 2010 (2005 = 100%)

Jahr	Euroraum	BE	DE	ES	FR	IT	AT
1996	84,61	85,28	88,61	77,93	86,64	81,79	87,21
1997	85,94	86,54	89,97	79,39	87,76	83,34	88,25
1998	86,90	87,33	90,51	80,80	88,35	84,99	88,96
1999	87,62	88,31	91,10	82,59	88,84	86,40	89,41
2000	89,54	90,67	92,4	85,47	90,46	88,6	91,16
2001	91,71	92,88	94,1	87,88	92,07	90,7	93,25
2002	93,78	94,32	95,4	91,04	93,86	93,1	94,83
2003	95,78	95,75	96,4	93,86	95,89	95,7	96,06
2004	97,87	97,53	98,1	96,73	98,14	97,8	97,94
2005	100,00	100,00	100,0	100,0	100,00	100,0	100,00
2006	102,20	102,33	101,8	103,6	101,91	102,2	101,69
2007	104,39	104,19	104,1	106,5	103,55	104,3	103,93
2008	107,83	108,87	107,0	110,9	106,82	108,0	107,28
2009	108,15	108,86	107,2	110,6	106,93	108,8	107,71
2010	109,90	111,40	108,4	112,90	108,79	110,6	109,53

Quelle: Statistisches Amt der Europäischen Union

Tabelle 4: Entwicklung des Teilindex für Gastronomie in Deutschland

Jahr	Teilindex Gastronomie	Jahr	Teilindex Gastronomie
1991	76,3	2001	94,9
1992	80,1	2002	98,3
1993	84,4	2003	99,1
1994	86,6	2004	99,9
1995	87,7	2005	100
1996	88,7	2006	101,2
1997	89,6	2007	104
1998	90,9	2008	106,3
1999	92,1	2009	108,7
2000	93,1	2010	109,9

Quelle: Statistisches Bundesamt

Tabelle 5: Entwicklung des Reallohns in Deutschland von 1991 – 2010 (2010=100%)

Jahr	Reallohn	Jahr	Reallohn
1991	102,6%	2001	101,0%
1992	105,9%	2002	100,6%
1993	106,1%	2003	100,2%
1994	103,5%	2004	101,0%
1995	102,4%	2005	99,4%
1996	100,8%	2006	97,3%
1997	97,7%	2007	98,4%
1998	97,8%	2008	98,9%
1999	99,0%	2009	98,5%
2000	99,7%	2010	100,0%

Quelle: Statistisches Bundesamt

Tabelle 6: Auswertung der Kommentare zu Artikeln, welche die offizielle Statistik bestätigen bzw. anzweifeln und suggerieren, dass der Euro ein Teuro ist

Kategorie	Zeitung	Artikel	Anzahl Kommentare pro-off.Statistik	Anzahl Kommentare contra-off.Statistik	Datum
Teuro	Bild	Euro nur noch 80Cent wert	29	9	16.01.2010
Teuro	WiWo	Wir sind mittendrin	15	2	30.05.2008
Teuro	Focus	Das Inflationsgefühl täuscht nicht	8	1	07.02.2011
Teuro	Wallstreet online	Der Teuro lässt die Inflation explodieren	18	8	22.01.2002
Teuro	Focus	Entspricht die akt. Inflationsrate der Realität	37	5	06.02.2011
Teuro	Focus	Teuerungsraten bei bis zu 5,4%	32	4	12.07.2008
Teuro	Focus	Der Teuro ist ein Märchen	82	36	02.05.2008
Kein Teuro	ntv-online	Der Euro ist kein Teuro	150	50	13.09.2011
Kein Teuro	TAZ	Gefühlter Teuro	2	1	29.05.2008

Quelle: Eigene Recherche

Literaturverzeichnis

Aucremanne, L./Collin, M./Stragier, T., Assessing the gap between observed and perceived inflation in the euro area: is the credibility of the HICP at stake, in: National Bank of Belgium Working papers series 122, 2007

Bechtold, S./Elbel, G./Hannappel, H.-P., Messung der wahrgenommenen Inflation in Deutschland: Die Ermittlung der Kaufhäufigkeiten durch das Statistische Bundesamt, Auszug aus Wirtschaft und Statistik, Statistisches Bundesamt, Wiesbaden, 2005

Badarinza, C./Buchmann, M., Inflation perceptions and expectations in the euro area, the role of news, in: European Central Bank, working paper series no. 1088, 2009

Beuerlein, I., Fünf Jahre nach der Euro-Bargeldeinführung, war der Euro wirklich ein Teuro?, in: Auszug aus Wirtschaft und Statistik, Statistisches Bundesamt, Wiesbaden, 2007

Brachinger, H.-W., Der Euro als Teuro? Die wahrgenommene Inflation in Deutschland, Gastbeitrag zu Wirtschaft und Statistik, Statistisches Bundesamt, Wiesbaden, 2005

Chlumsky, J./Engelhardt, N., Ein Jahr Euro – ein Jahr Teuro, Anmerkungen der amtlichen Statistik, in: Auszug aus Wirtschaft und Statistik, Statistisches Bundesamt, Wiesbaden, 2002

Collignon, S., 1996, Geldwertstabilität für Europa – Die Währungsunion auf dem Prüfstand, Verlag Bertelsmann Stiftung, 2002

Dias, F./Duarte, C./Rua, A., Inflation expectations in the euro area: Are consumers rational? Banco de Portugal, Working Paper 23, 2008

Del Giovane, P./Sabbatini, R., The introduction of the euro and the divergence between officially measured and perceived inflation: the case of italy, in: Bank of Italy, Research Department, 2005

Döhring, B./Mordonu, A., What drives inflation perceptions? A dynamic panel data analysis, European Commission, Directorate-General for Economic and Financial Affairs, European Economy, Economic Papers Nr. 284, 2007

Engelkamp, P./Sell, F., Einführung in die Volkswirtschaftslehre, 3. Auflage, Springer Verlag, Berlin, Heidelberg, New York, 2005

Fluch, M./Stix H., Wahrgenommene Inflation in Österreich, Ausmaß, Erklärungen, Auswirkungen, in: Geldpolitik und Wirtschaft Q3, 2005, S.25-54

Greitemeyer, T./Traut-Mattausch, E./Frey, D., Psychologische Konsequenzen der Euro-Einführung, in: Studie des Roman Herzog Instituts, 2008

Jungermann, H./Brachinger, H.-W., Belting, J./Zacharias, E., The Euro Changeover and the Factors of influencing Perceived Inflation, Springer, 2007

Hardie, B./Johnson, E., Fader, P., Modelling Loss Aversion and Reference Independence Effects on Brand Choice, in: Marketing Science 12 Nr. 4, 1993, S.378ff.

Hofmann, B., Do money indicators still predict euro area inflation, in: Deutsche Bundesbank, Economic Studies 18, 2006

LeFranc, S., Le brouillage des prix induit par le passage à l'euro fiduciaire a-t-il affecté la consummation des ménages dans la zone euro?, in: Analyses économiques, République française, 2003

Linz, S./Dexheimer, V., Dezentrale, hedonische Indizes in der Preisstatistik, Auszug aus Wirtschaft und Statistik, Statistisches Bundesamt Wiesbaden, 2005

Maag, T./Lamla, M.J., The role of media for inflation forecast disagreement of households and professionals, in: Working papers 09-223, KOF Swiss Economic institute, ETH Zürich, 2009

Meier-Pesti, K/Kirchler, E., Nationalism and Patriotism as determinants of European Identity and Attitudes towards the Euro, in Journal of Socio-Economics 32, 2003, S.685-700

Nielsen, H., Inflation Expectations in the EU – Results from Survey Data, FU Berlin, Institut für Statistik und Ökonomie, 2003

N.N., EU publication, Annual Report of the Euro area, 2009

N.N., Verbraucherzentrale Bundesverband, Preisbeobachtungen vor, während und nach der Einführung des Euro, in: Projektbericht Institut für angewandte Verbraucherforschung, 2002

Spiegel, E., Gefühlte Inflation und ihre gesellschaftlichen Folgen, Statistisches Institut Ludwig-Maximilians-Universität München, 2011

Tversky, A./Kahnemann, D., Judgement under uncertainty: heuristics and biases, in: Science 185, 1974, S. 1124-1131

Wunder, C./Schwarze, J./Krug, G./Herzog, B., Welfare Effects on the Euro Cash Changeover, in: European Journal of Political Economy 24, 2008, S.571-586

Internetquellen:

Ackermann, Rolf in Wirtschaftswoche vom 30.05.2008, Wir sind mittendrin, http://www.wiwo.de/politik/konjunktur/professor-hans-wolfgang-brachinger-im-interview-wir-sind-mittendrin/5430966.html

Baur, Uli in Focus vom 07.02.2011 von Uli Baur, http://www.focus.de/magazin/memo/das-inflationsgefuehl-taeuscht-nicht_aid_597468.html

Europäische Kommission für Wirtschaft und Finanzen, abgerufen am 19.11.2011, http://ec.europa.eu/economy_finance/focuson/inflation/perceptions_de.htm

Gänger, Jan in n-tv online Nachrichten vom 13.09.2011, Der Euro ist kein Teuro, http://www.n-tv.de/wirtschaft/Der-Euro-ist-kein-Teuro-article4252786.html

N.N. in Bild vom 05.06.2008: Gefühlte Inflation – Teuerungsrate schon bei 12%, http://www.bild.de/news/wirtschaft/wirtschaftspolitik/viel-hoeher-als-die-echte-4738990.bild.html

N.N. in Die Welt vom 17.01.2011, Die gefühlte Inflation liegt dreimal höher, http://www.welt.de/wirtschaft/article12206220/Die-gefuehlte-Inflation-liegt-dreimal-hoeher.html

N.N. in Die Zeit vom 29.05.2008, Gefühlter Teuro, http://www.zeit.de/2008/23/EZB-Inflation-Beistueck

N.N. in dpa-Meldung in wallstreet-online vom 22.01.2002, Der Teuro lässt die Inflation explodieren, http://www.wallstreet-online.de/diskussion/538080-1-10/der-teuro-laesst-die-inflation-explodieren

N.N. in Euro am Sonntag vom 02.05.2011, http://www.unifr.ch/webnews/content/49/file/Prof.%20Brachinger%20Publications/2011/2011-02-05%20Euro%20am%20Sonntag.pdf

N.N. in Focus vom 12.07.2008, Inflation – Teuerungsrate bei bis zu 5,4% http://www.focus.de/finanzen/news/inflation-teuerungsrate-bei-bis-zu-5-4-prozent_aid_317518.html

N.N. Reutersmeldung in Epoch Times vom 09.11.2005, http://www.epochtimes.de/6282_wirtschaftsweise-gefuehlte-inflation-ohne-einfluss-auf-konsum.html

N.N. in Süddeutsche Zeitung vom 19.12.2006, Wenn die Geldbörse der Statistik widerspricht, http://www.sueddeutsche.de/geld/fuenf-jahre-euro-wenn-die-geldboerse-der-statistik-widerspricht-1.879946-2

Piper, Nikolaus in Süddeutsche Zeitung vom 14.01.2004, Von wegen Teuro, http://www.sueddeutsche.de/wirtschaft/inflation-von-wegen-teuro-1.905132

Röll, Thomas in Focus vom 06.02.2011, Entspricht die offizielle Inflationsrate der Realität, http://www.focus.de/magazin/debatte/focus-leserdebatte-entspricht-die-offizielle-inflationsrate-der-realitaet_aid_596855.html

Santen, Oliver in BILD vom 16.01.2010, Euro nur noch 80Cent wert, http://www.bild.de/politik/wirtschaft/wert/euro-ist-seit-waehrungsunion-nur-noch-80-cent-wert-11137984.bild.html

Siemens, Ansgar in Focus vom 02.05.2008: Der Teuro ist ein Märchen, http://www.focus.de/finanzen/banken/euro/waehrungsunion-der-teuro-ist-ein-maerchen_aid_298857.html

Statistisches Bundesamt Warenkorb und Wägungsschema, abgerufen am 10.10.2011, www.destatis.de/jetspeed/portal/cms/Sites/destatis/Internet/DE/Statistiken/ Preise/Verbraucherpreise/WarenkorbWaegungsschema /WarenkorbWaegungsschema.psml,

Wiese, Sönke in Stern vom 11.01.2006, Die Mär vom Teuro, http://www.stern.de/wirtschaft/familie/preisentwicklung-die-maer-vom-teuro-553043.html

Wiese, Sönke in Stern.de vom 18.01.2006, Korrekte Studien provozieren die Verbraucher, http://www.stern.de/wirtschaft/geld/gefuehlte-inflation-korrekte-studien-provozieren-die-verbraucher-553552.

AUSSENHANDELSPOLITIK UND -PRAXIS

Herausgegeben von Prof. Dr. Jörn Altmann

ISSN 1614-3582

1 *Anja Marx*
Außenhandel mit Italien
Ein Exportratgeber für deutsche Unternehmen
ISBN 3-89821-072-3

2 *Quynh Anh Dang*
Foreign Direct Investment in Vietnam
Chancen und Risiken für ausländische Investoren im vietnamesischen Markt
ISBN 3-89821-260-2

3 *Jürgen Neuberger*
Gesellschaftsformen in Europa und den USA im Vergleich
ISBN 3-89821-311-0

4 *Thomas Steffen*
Japan im Wandel
Chancen, Risiken und Erfolgsfaktoren für ausländische Unternehmen
ISBN 3-89821-298-X

5 *Thomas Wölfel*
Marken- und Produktpiraterie
Eine Studie zu Erscheinungsformen und Bekämpfungsmöglichkeiten
ISBN 3-89821-284-X

6 *Imke Heinrich*
Markenführung als strategischer Erfolgsfaktor
ISBN 3-89821-351-X

7 *Albrecht Neumann*
Kulturspezifische Probleme in deutsch-russischen Wirtschaftsbeziehungen
Das Beispiel Siemens Business Services in Moskau
ISBN 3-89821-408-7

8 *Tanja Fuß*
Negotations with the Japanese
Overcoming Intercultural Communication Hurdles
ISBN 3-89821-420-6

9 *Verena Ohms*
Rechnungslegung national und international
Eine vergleichende Darstellung der Rechnungslegungsgrundsätze nach HGB und IFRS
ISBN 3-89821-520-2

10 *Verena Ohms*
Konzernabschlüsse national und international
Eine vergleichende Darstellung der Konzernrechnungslegung nach HGB und IFRS
ISBN 3-89821-521-0

11 *Astrid Zippel*
EU-Förderprogramme für kleine und mittelständische Unternehmen
Ein Ratgeber
ISBN 3-89821-704-3

12 *Nicole Daiker*
Risikomanagement im Zollbereich
unter besonderer Berücksichtigung des zugelassenen Wirtschaftsbeteiligten
ISBN 978-3-89821-897-9

13 *Ying Sun*
Beschaffung in China
Ein Ratgeber für optimale Verhandlungen mit chinesischen Lieferanten
ISBN 978-3-8382-0002-6

14 *Marcel Rank*
Sanierungsfall Afrika
40 Jahre Entwicklungshilfe
Bilanz und Perspektiven
ISBN 978-3-8382-0021-7

15 *Oliver Knickel*
Ist der Euro ein Teuro?
Eine Analyse der gefühlten Inflation in der Eurozone
ISBN 978-3-8382-0356-0

Abonnement

Hiermit abonniere ich die Reihe **Außenhandelspolitik- und praxis (ISSN 1614-3582),** herausgegeben von Prof. Dr. Jörn Altmann,

❒ ab Band # 1

❒ ab Band # ___

❒ Außerdem bestelle ich folgende der bereits erschienenen Bände:
#___, ___, ___, ___, ___, ___, ___, ___, ___, ___, ___, ___

❒ ab der nächsten Neuerscheinung

❒ Außerdem bestelle ich folgende der bereits erschienenen Bände:
#___, ___, ___, ___, ___, ___, ___, ___, ___, ___, ___, ___

❒ 1 Ausgabe pro Band ODER ❒ ___ Ausgaben pro Band

Bitte senden Sie meine Bücher zur versandkostenfreien Lieferung innerhalb Deutschlands an folgende Anschrift:

Vorname, Name: ______________________________

Straße, Hausnr.: ______________________________

PLZ, Ort: ______________________________

Tel. (für Rückfragen): ________________ *Datum, Unterschrift:* ________________

Zahlungsart

❒ *ich möchte per Rechnung zahlen*

❒ *ich möchte per Lastschrift zahlen*

bei Zahlung per Lastschrift bitte ausfüllen:

Kontoinhaber: ______________________________

Kreditinstitut: ______________________________

Kontonummer: ________________ Bankleitzahl: ________________

Hiermit ermächtige ich jederzeit widerruflich den *ibidem*-Verlag, die fälligen Zahlungen für mein Abonnement der Reihe **Außenhandelspolitik und -praxis** von meinem oben genannten Konto per Lastschrift abzubuchen.

Datum, Unterschrift: ______________________________

Abonnementformular entweder **per Fax** senden an: **0511 / 262 2201** oder 0711 / 800 1889
oder als **Brief** an: *ibidem*-Verlag, Julius-Leber Weg 11, 30459 Hannover oder
als **e-mail** an: **ibidem@ibidem-verlag.de**

***ibidem*-Verlag**

Melchiorstr. 15

D-70439 Stuttgart

info@ibidem-verlag.de

www.ibidem-verlag.de
www.ibidem.eu
www.edition-noema.de
www.autorenbetreuung.de

Zeitfracht Medien GmbH
Ferdinand-Jühlke-Straße 7
99095 Erfurt, Deutschland
produktsicherheit@kolibri360.de